복음의
후방에서

허드슨 테일러의 동역자
벤저민 브룸홀의 생애

노먼 클리프 Norman Cliff

A Heart for China
The life of Benjamin Broomhall

하늘씨앗

Originally published in English under the title: *A Heart for China*
Copyright © 2006 by Norman Cliff, Published by Authentic Media Limited, PO Box 6326, Bletchley, Milton Keynes, United Kingdom, MK1 9GG. All rights reserved.

All rights reserved.
This Korean translation edition © 2020 by Heavenly Seeds, 705, Sanbonro 323bungil 16-7, Gunposi, Republic of Korea.
This Korean edition is published by arrangement of Authentic Media Limited, through rMaeng2, Seoul, Republic of Korea.

이 한국어판의 저작권은 알맹2를 통하여 Authentic Media Limited와 독점 계약한 하늘씨앗에 있습니다. 신 저작권법에 의하여 한국 내에서 보호받는 저작물이므로 무단 전재와 무단 복제를 금합니다.

복음의 후방에서
A Heart for China

초판 1쇄	2021년 5월 3일
지은이	노먼 클리프(Norman Cliff)
번역	임금선
발행	강남호
편집	강남호
교정	성다희
출판	하늘씨앗
홈페이지	www.heavenlyseeds.org
이메일	info@heavenlyseeds.com
출판등록	제402-2015-000011호
주소	경기도 군포시 산본로 323번길 16-7번지 705호
전화	031-398-4650
팩스	031-5171-2468
ISBN	979-11-90441-07-0

책 값은 뒤표지에 있습니다.

차례

	서문	6
01	역동의 시대를 살다	10
02	소년 벤저민	14
03	반즐리의 도제	22
04	런던 생활	29
05	포로 된 자에게 자유를	38
06	아멜리아 이야기	45
07	평생 소명	56
08	하나님의 적재적소	62
09	행동하는 그리스도인	68
10	예상 밖의 돌파	84
11	아편과의 전쟁	95
12	자식들은 여호와의 기업이요	109
13	잿더미를 딛고	133
14	내가 엄지를 올리면	142
15	위대한 밧줄 잡이	148

벤저민 브룸홀과 아멜리아의 연표　152

단체 이름 약자표기

BMS 침례교 선교협회 (Baptist Missionary Society)
CIM 중국내지선교회(China Inland Mission)
CMS 교회선교회(Church Missionary Society)
IVF 기독학생회(Inter-Varsity Fellowship)
MSI 국제 의료 봉사(Medical Services International)
SCM 기독 학생운동(Student Christian Movement)
SVM 학생 자원자 운동(Student Volunteer Movement)
SVMU 학생 자원자 선교연맹 (Student Volunteer Missionary Union)
YMCA 기독교 청년회(Young Men's Christian Association)

위에 계신 신실하신 주여,
순결한 하늘의 불을 내리소서,
주께 드리는 미천한 내 마음에
주님 사랑의 불을 붙이소서.
- 찰스 웨슬리 -

이 책을 믿음으로 중국에 선교사로 간
벤저민과 아멜리아 브룸홀의 다섯 자녀 —
거트루드 호스트, 허드슨 브룸홀, 이디스 리치,
마샬 브룸홀, 벤저민 브룸홀에게 바칩니다.

서문

벤저민 브룸홀은 19세기 후반에 영국에서 가장 유명한 평신도 중 한 사람이었다. 당시에 벤저민은 많은 교단에 잘 알려져 있었다. 많은 교회에서 중국에 관해 끊임없이 강연했고 귀국한 선교사들의 선교 보고를 주선했다. 중요한 여러 대형 집회에서 선교의 중요성을 주장했다. 자유 교회[1]의 연례 회의에서 대표단에 중국 선교를 시작할 것을 촉구하기도 했다. 영국 각료와 의원들에게 벤저민은 노예무역과 아편 무역에 관해서 철저하게 비타협적인 입장을 고수하는 인물로 알려져 있었다.

그러나 벤저민의 가장 중요한 임무는 CIM(중국내지선교회)을 섬기는 일이었다. 파이랜드 로드 본부에서 18년, 뉴잉턴그린의 4층 신축건물에서 2년, 벤저민은 20년간 CIM을 위해 일했다. 이 기간은 선교의 황금기였다. 1875년, 벤저민이 CIM에 합류할 때 CIM 회원은 38명에 불과했으나 20년 후 벤저민이

[1] 국교에 가입하지 않은 스코틀랜드와 잉글랜드 지방의 신교 교회들을 통칭함.
— 편집자 주

66세로 은퇴할 때는 630명으로 늘어났다.

벤저민은 중국 땅을 한 번도 밟지 않았으면서도 중국 선교에 지대한 영향을 미쳤다. 벤저민은 수백 명에 달하는 젊은 선교지원자를 일일이 면담하고 선발해서 중국으로 파송했다. "차이나 밀리언즈"의 편집 일을 하면서 광대한 중국 땅의 문화, 관습, 영적 필요를 깊이 연구했다. 벤저민이 작성한 기사와 보고서는 많은 그리스도인에게 중국 선교에 관한 매우 폭넓은 정보를 제공했다.

벤저민의 아내 아멜리아 역시 겉으로 드러나지 않았지만 보이지 않는 영역에서 CIM 사역에 크게 기여했다. 아멜리아는 널리 알려진 대로 허드슨 테일러의 친동생이다. 아멜리아는 파이랜드 로드에 훈련차 머무는 젊은 선교지원자들에게 어머니와 같은 존재였다. 미지의 땅으로 떠나게 될 선교사에게 용기를 북돋아 주었고, 그녀만의 방식으로 사랑과 격려를 아끼지 않았다. 아멜리아는 평생 벤저민 브룸홀과 함께 중국을 위해 중보기도와 섬김의 삶을 살았다.

아멜리아의 오빠인 허드슨 테일러는 반즐리에서 보낸 청년 시절부터 벤저민과 매우 가까웠다. 허드슨 테일러는 힘들 때마다 아멜리아와 벤저민을 많이 의지했다. 런던에 있는 선교본부에서 벤저민과 아멜리아가 헌신적으로 돕지 않았더라면 허드슨 테일러가 중국 선교에 그토록 놀라운 성과를 거둘 수 있었을지 의문이다.

내 외증조할아버지[2]의 평생 사역에 관한 책을 쓰는 일은 나에게 엄청난 특권이다. 1918년, 마샬 브룸홀이 썼던 "Heirs Together of the Grace of Life"가 이 책을 쓰는 데 큰 도움이 되었다. 마샬 브룸홀은 벤저민 브룸홀과 아멜리아의 둘째 아들이다. 1989년에 완간된 7권의 역사책

[2] 이 책의 저자인 노만 클리프는 벤저민 브룸홀의 아들 허드슨 브룸홀의 딸 매리 클리프의 아들이다.
— 편집자 주

"Hudson Taylor and China's Open Century"가 좋은 참고자료가 되었다. 이 놀랍고 방대한 책은 벤저민과 아멜리아의 손자 A.J. 브룸홀이 집필했다. CIM의 소식지인 "차이나 밀리언즈"에서도 소중한 정보를 얻었다. 주요 인용문은 각주로 표시했다.

벤저민 브룸홀의 자녀와 손자들에 관한 이야기는 테아커닝햄 여사, 모드 맥코맥 여사, 조이 랭키스터 여사, 죠세핀 웨이크링 여사, 핀들리 두나치에, 월터 리치 목사의 도움을 받았다. 이분들 모두가 벤저민과 아멜리아의 후손이다. 제프리 팔머는 YMCA의 초기 기록들을 자유롭게 검색할 수 있도록 허락해주었다. 존 폴락 목사는 '케임브리지 세븐'에 관한 귀한 이야기를 들려주셨다. 이 책에서 오류가 발견된다면 그것은 전적으로 필자인 나의 책임이다.

다음은 도움을 준 도서관과 문서기록보관소 목록이다.

국제반노예제연합(Anti-Slavery International),
런던 국립도서관,
런던 CMS아카이브, 파트너쉽 하우스,
런던 복음주의 연맹, 런던 복음주의 도서관,
런던 프렌즈 하우스,
런던 길드홀 도서관,
런던 리젠트 파크 칼리지(BMS),
동양과 아프리카 연구소, 런던

내가 외증조할아버지인 벤저민 브룸홀의 생애를 연구하는 동안 아내 조이스가 도움과 격려를 아끼지 않았다. 아내는 원고를 일일이 읽고 소중한 조언을 해주었다. 컴퓨터와 관련된 문제는 아들 제임스가 기꺼이 도와주었다.

이 전기를 읽는 모든 사람이 하나님이 하시는 모든 일에 대해 영감을 얻기 바란다.

01 역동의 시대를 살다

벤저민 브룸홀은 그야말로 역동의 시대를 살았다. 벤저민이 아홉 살인 1837년에 빅토리아 여왕이 즉위했다. 벤저민이 CIM을 은퇴하고 6년이 지나 72세가 되었을 때 여왕이 세상을 떠났다. 빅토리아 여왕은 64년간 통치하며 영국이 이른바 '해가 지지 않는 나라'로 불리며 최전성기에 도달하는 것을 보았다. 영국은 말 그대로 바다를 지배했고, 전 대륙의 4분의 1을 차지했다. 빅토리아는 지구상 전 대륙에 영향력을 발휘하는 대제국의 통치자였다. 그녀의 치하에서 영국은 10년마다 커다란 진보를 이루었다.

선교의 역동

그러나 이 모든 성과에도 불구하고 찰스 디킨스가 묘사한 것처럼 영국에는 극도의 불평등과 수치스러운 빈곤이 여전히 존재했다. 1845년, 토리당의 대표 벤저민 디즈레일리는 고상해 보이는 대영제국 안에 부자와 가난한 사람, 이른바 '두 민족'이 나란히 살고 있다고 말했다. 감리교회 소속 지역교회 설교자였던 벤저민 브룸홀은 이스트 런던의 슬럼가를 심방할 때마다 '가난한 민족' 사람들의 삶을 보았다. 도덕적이고 정의로운 사회를 열망하던 벤저민은 이 지역 빈민에게 복음 전도와 함께 자선을 베풀었다. 브룸홀이 살던 시대의 복음주의 그리스도인들은 오늘날과는 달리 사회 부정의를 없애는 일에 상당한 기여를 했다.

빅토리아 시대의 업적의 결정체는 1851년 앨버트 공의 주도하에 하이드파크에서 개최된 만국박람회였다. 청년 허드슨 테일러도 열여섯 번째 생일을 맞이한 여동생 아멜리아를 데리고 이 박람회를 구경했다. 이에 대해서는 나중에 자세하게 기술하겠다.

산업과 경제의 역동적인 성장은 선교사역의 눈부신 발전으로 이어졌다. 무역 통상을 위해 미지의 땅을 탐험하고 영역을 확대해나가는 모험정신은 기독교도 예외가 아니었다. 그리스도인들은 복음을 한 번도 들어본 적이 없는 부족과 민족에게 다가가기 시작했다. 이렇듯 과학기술의 발전은 선교 개척자들의 도우미 역할을 했다. 더욱더 쉬워진 여행과 빨라진 통신수단이 기독교의 확산을 도왔다. 철도와 증기선은 십자가를 전하는 사람들을 세계 곳곳의 새로운 땅으로 실어 날랐다. 전신과 전보는 멀리 떨어져 있는 선교 현장과 국내본부의 연락체계를 더욱더 원활하게 했다. 영국의 기독교 대중에게 해외에서의 복음의 승리를 알리고 새로 번역된 쪽 성경을 출판하는 데 인쇄기를 효과적으로 사용할 수 있게 되었다.

과학진보 시대에 발맞추어 기독교계에 주요 단체들이 여럿 설립되었다. 대다수의 주류 교단은 이러한 역사적 변화에 따른 도전에 응하기를 주저했다. 그러나 침례교, 회중 교회 등 영국 성공회와 공식

적인 연관이 없는 교회들은 '침례교 선교회', '런던 선교사 협회', '교회 선교협회'와 같은 단체들을 자발적으로 세워서 선교사들을 파송하기 시작했다. 교단의 후원 없이 자발적으로 설립된 선교 단체 가운데 대표적인 예가 중국내지선교회(China Inland Mission)였다. CIM이 설립된 지 10년 후인 1875년에 벤저민과 아멜리아는 북런던 CIM의 간사로 합류한다.

선교에 헌신한 포목상

이로부터 약 20년 전인 1850년 초에 22세 청년 벤저민 브룸홀은 포목상 일을 하러 런던으로 갔다. 그 무렵 많은 기독교 선교단체들이 형성되고 있었다. 벤저민도 그러한 흐름에 열렬하게 호응하고 있었다. 그러한 사실은 나중에 그의 약혼녀에게 보낸 편지로 알 수 있다. 데이비드 리빙스턴[1]은 벤저민의 영웅 가운데 한 사람이었다. 중앙아프리카 탐험 여행을 막 마친 리빙스턴이 런던의 엑스터 홀에서 강연할 때 벤저민도 참석했다. BMS(침례교선교협회)와 CMS(교회선교회)는 인도에서 60년 동안 사역을 했다. LMS와 파리 선교회와 영국 감리회에 의해 남태평양에 견고한 교회들이 세워졌다. 센추리 홀에서 열린 감리교회의 선교사 모임에서 벤저민 브룸홀은 남아프리카와 피지에서 사역하는 선교사들로부터 고무적인 보고를 들었다.

바야흐로 개신교 선교사들이 일본과 한국에 들어갔고, 미국 침례교 신자들이 버마의 카렌 부족 가운데서 선교기반을 구축하고 있었다. 벤저민은 매년 5월에 열리는 대규모 영국 선교 단체 집회에 참석했다. 그때마다 선교사들의 활동 보고를 듣고 벤저민은 크게 감동했다. 후에

---

[1] 데이비드 리빙스턴(David Livingstone; 1813년~1873년)은 스코틀랜드의 회중교회에서 파송한 선교사이자 탐험가이다. — 편집자 주

선교 역사학자 K.S. 라투레트는 19세기를 '위대한 세기'라고 말했다. 어느 때보다 많은 사람이 기독교를 받아들였다. 기독교는 온 세계 모든 민족을 향해 뻗어 나가기 시작했다.

1854년에 장차 벤저민 브룸홀의 처남이 될 허드슨 테일러가 상하이에 도착했다. 그 당시 중국의 개신교도는 겨우 200명 남짓했다. 벤저민이 살아있는 동안 중국 내의 교인 수가 폭발적으로 늘어났다. 벤저민이 소천할 당시 중국 내에 있는 모든 선교 단체에 속한 교인 수는 약 208,000명이었다.

벤저민이 죽기 일 년 전인 1910년에 존 R. 모트 박사의 주도하에 에든버러 선교 대회가 개최되었다. 존 모트 박사는 벤저민의 저서 "세계 복음화"의 영향을 크게 받았다. 19세기에 세계선교는 날로 발전하고 있었고 기독교는 그야말로 세계종교가 되었기에 대회의 분위기는 낙관적이었고 들떠 있었다. 에든버러 선교 대회의 야심 찬 주제는 '이 세대에 세계를 복음화하자!'였고 이것이 학생자원자운동(Student Volunteer Movement)의 표어가 되었다. 이 표어는 벤저민의 책 제목에서 유래하였다. 역사적인 이 운동에 벤저민의 저서가 큰 영향을 미쳤다.

이렇듯 벤저민 브룸홀은 기독교 선교가 한창 역동적으로 성장하는 시기에 일했다. 브룸홀은 복음의 후방에서 일하며 CIM이 중국 내에서 가장 큰 개신교 선교 단체로 성장하는 것을 지켜보았다. 사실은 지켜보았다고 표현하기에 브룸홀의 기여가 너무 컸다고 할 수 있다.

02 소년 벤저민

스태퍼드셔[1]는 뉴스에 나올만한 지역이 아니다. 휴가를 가는 사람들도 이 평화로운 곳이 스태퍼드셔라는 사실을 알지 못한 채 지나친다. 런던에서 기차를 타고 잉글랜드 북서부로 갈 때 이 지역 풍경을 얼핏 볼 수는 있겠지만, 차창 저 너머로 끝도 없이 너른 농장이 펼쳐져 있는 농지를 다 볼 수는 없다. 간혹 붐비는 M6 국도를 따라 이 지역을 경유하는 사람들이 있지만, 차를 세워놓고 구경할만한 볼거리는 이 지역에 전혀 없었다. 그러나 이곳은 아름다운 자연을 가지고 있었다. 스태퍼드셔주의 포터리즈 출신 소설가 아널드 베넷은 자신의 고향을 이렇게 묘사했다. '내 고향의 아름다운 풍경은 인간이 제아무리 아름다운 작품을 만들더라도 자연 앞에서 추하다는 사실을 보여준다.' 스태퍼드[2]에서 약 27km 정도 떨어져 있는 브래들리의 한 작은 마을에서부터 이야기를 시작하자. 때는 1829년이었다.

1 잉글랜드 중서부에 있는 주 — 역자 주
2 스태퍼드셔주의 주도 — 역자 주

시골 생활이 지루하다고?

농장 생활은 지루할 틈이 없었다. 어린 벤저민은 농장 일꾼 아저씨들과 대화하는 것을 좋아했다. 벤저민은 말타기를 좋아했다. 때로는 일꾼 아저씨 한 사람이 벤저민을 말에 태워 뒤뜰을 이리저리 거닐었다. 벤저민은 금방 자라서 말을 타고 농장 전체를 누비고 다녔다. 브룸홀 집안의 말에는 저마다 별명이 붙여져 있었다. 벤저민은 수조에서 말에게 물을 먹이면서 자신의 이야기를 말에게 들려주곤 했다. 가끔 소의 젖을 짜기도 했다. 때로는 아버지가 농장 근로자들에게 작업 지시를 하는 광경을 구경하기도 했다. 좀 더 나이가 들자 벤저민의 아버지는 어린 장남 벤저민을 브래들리에 있는 시장에 데리고 가서 농산물을 사고파는 것을 지켜보게 했다.

아버지 찰스 브룸홀

벤저민의 아버지 찰스 브룸홀은 지역에서 존경받는 인사이자 펜크강 서쪽의 비옥한 땅을 일군 성공한 농부였다. 훗날 벤저민은 농장에서 지낸 열 살 때를 회상하면서 이렇게 말했다. '아버지로 인해 유복한 생활을 했습니다. 온갖 품종의 말과 소가 있었어요. 한때 예닐곱 마리의 말을 교대로 탔던 일을 기억합니다. 아버지의 사업으로 온 브래들리 전체가 분주해지는 것 같았어요.'

벤저민의 아버지는 성공한 농부였을 뿐만 아니라 쉬는 시간에 열심히 책을 읽는 사람이었다. 벤저민이 불 가에 앉아 책을 읽는 일을 평생 즐긴 것도 아버지의 영향을 받았기 때문이다. 벤저민이 어떤 책을 주로 읽었는지는 확실히 알 수 없다. 나는 벤저민의 아버지가 소설 읽는 것을 허용하지 않았다는 말을 들은 적이 있다. 하지만 후에 저술한 벤저민의 책들을 보면 분명 벤저민은 전 세계로 뻗어

나가고 있는 대영제국과 다른 여러 나라의 역사와 지리에 관한 책을 읽었던 것 같다. 그것을 통해 전 세계의 여러 나라에 관한 상상력을 키워나갔을 것이다. 벤저민은 어린 동생 찰스와 윌리엄이 잠들기 전에 자신이 지어낸 이야기를 들려주며 즐거워했다고 한다. 1857년, 결혼을 2년 앞두고 벤저민은 브래들리에서 가족과 함께했던 생활을 떠올리며 이렇게 말했다. '영국 어디를 가 보아도 우리처럼 한마음이 되어 서로를 돕는 가족을 찾기 힘들 것입니다. 제가 오랫동안 깨닫지 못했다는 사실이 놀라울 따름입니다.' 이 모든 것이 아버지 찰스 브룸홀 때문이었다.

벤저민이 떠올리는 아버지에 관한 어린 시절의 전반적인 기억은 '영적인 일에 대한 아버지의 엄격함과 성실함'이었다. 아버지의 그런 면은 벤저민이 청년이 된 후에 영적 안정감을 느끼는 데 큰 도움이 되었다. 벤저민은 어떻게 하면 하나님의 징계를 받을지 어떻게 하면 인정과 격려를 받을지 잘 알았다. 벤저민이 '영적 성실'을 거론할 때마다 어린 시절에 경험한 기독교 가정의 분위기를 말했다. 아버지 찰스 브룸홀은 주일마다 아이들을 데리고 지역 교회에 갔다. 벤저민은 성가대원이 되어 찬양했고 예배를 마치면 목사는 브룸홀 가정의 자녀들에게 따뜻한 말을 건네고 자신이 읽은 책을 찰스 브룸홀에게 주곤 했다.

벤저민은 칠남 일녀 가운데 장남이었다. 벤저민의 가정은 주일이 제일 조용한 편이었다. 오후가 되면 종종 교구 목사가 벤저민의 집을 방문했다. 목사는 벤저민의 가족과 저녁 식사를 마친 후에 설교하기 위해 찰스 브룸홀과 함께 농장 어귀에 있는 작은 감리교 예배당으로 갔다. 찰스 브룸홀은 자신을 이 작은 교회의 영적 주주(株主)로 여겼다. 찰스 브룸홀은 1839년에 교회 건립을 위해 농장부지 일부를 헌납하고 건축자재 구매를 위해 많은 헌금을 했다.

초기감리교회

찰스 브룸홀은 농부이자 '초기감리교회'(Primitive Methodists)의 지역 교구에서 인정받는 설교자였다. 브래들리 인근 교회를 두루 다니며 설교했고 늘 설교 일정이 빽빽하게 짜여 있었다. 찰스 브룸홀은 종교적 신념을 삶에서도 실천하는 사람이었다. 찰스는 정의감이 강했는데 이러한 면도 어린 벤저민에게 큰 영향을 끼쳤다.

찰스 브룸홀이 정직하고 친절하다는 사실은 지역 주민들 사이에 잘 알려져 있었다. 그런데 인근 농장주들은 찰스를 존경하면서도 한편으로는 불만을 품었다. 왜냐하면 찰스 브룸홀은 농장 일꾼들에게 이웃 농장보다 더 많은 임금을 주었기 때문이었다. 인근 농장주들은 자신의 일꾼들이 찰스 브룸홀의 농장으로 가버리는 것을 막기 위해 어쩔 수 없이 일꾼들의 임금을 인상할 수밖에 없었다.

'초기감리교회'의 뜨거운 영적 분위기도 어린 벤저민에게 큰 영향을 미쳤다. 역사적 설명을 덧붙이자면 감리교의 한 분파가 1811년 스태퍼드셔 포터리즈의 북부 산악지대인 마우 캅[3]에서 탄생했다. '초기감리교회'의 설립자는 두 가난한 장인(匠人)이었다. 그러나 이 지역이 감리교와 연관이 있게 된 일은 감리교 운동 초기로 거슬러 올라간다. 감리교의 창시자인 존 웨슬리는 1738년 스태퍼드셔를 처음 방문했다. 1738년은 존 웨슬리가 런던 기도회에서 '마음이 이상하게 뜨거워지는' 경험을 했던 역사적인 해였다. 웨슬리가 스태퍼드셔 교구를 마지막으로 방문했을 때는 세상을 떠나기 일 년 전인 1790년이었다. 웨

[3] 체셔와 스태퍼드셔 사이에 있는 높은 지대의 마을. 미국 감리교회의 아버지이며 영국에서 감리교 순회설교자로 사역했던 애즈베리가 이곳 출생임 — 역자 주

슬리가 이 지역을 방문할 때마다 신변의 위험이 따랐다. 이러한 사실은 일기에 잘 나타나 있다. 예컨대 1743년 일기에 스태퍼드셔 동남부 웬즈베리 방문에 대해 폭도들이 '머리를 박살 내버려'라고 웨슬리를 위협했다고 기록했다.

위험을 감수하면서도 그곳을 방문한 지 40년이 지나자 감리교도의 수가 많이 늘어났다. 이에 웨슬리는 용기를 얻었다. 1784년 3월 30일(웨슬리안 단체가 법적으로 등록된 해)에 웨슬리는 이렇게 기록했다. '할리 그린에 있는 새 예배당에서 설교했다. 그곳은 많을 교인을 수용하기에 너무 비좁았다. 하지만 스태퍼드셔의 교회는 영적으로 뜨거웠다. 그 열기가 마을에서 마을로 번지고 있다.'

웨슬리가 죽고 6년이 채 못 되었을 때 감리교 주류교단은 분리되기 시작했다. 감리교는 웨슬리안 감리교회(감리교의 원래 교단), 메소디스트 뉴 커넥션, 초기감리교회로 나뉘어 스태퍼드셔를 통해 영국 여러 지역으로 번졌다. 이 책의 주인공인 벤저민 브룸홀은 위에서 언급한 세 분파 가운데 마지막 교파, 비평가들에게 소위 '랜터파(the Ranters)'[4]로 잘못 알려진 '초기감리교회'(Primitive Methodists)와 관련이 깊다. 재물을 덜 소유하고, 되도록 교육을 덜 받으려는 경향을 보인다는 것이 특징이다. 실제로 지역 설교자 대다수가 겨우 글을 읽고 쓰는 수준이었다.

설교자 베시 아줌마

이제 베시를 소개해야 할 시점이 되었다. 베시는 브룸홀 농장에서 낙농 일을 하는 일꾼이었다. 벤저민은 나중에 어머니보다 베시가 자신과 형제자매들에게 더 큰 영향

[4] 초기감리교회는 실제로는 물의를 일으킨 랜터파의 신앙을 물려받지 않았지만 19세기에 들어 비평가들은 초기 감리교회의 열광적인 설교를 비꼬는 의미로 그들을 랜터파로 부르기도 했다. ― 편집자 주

을 끼친 사실을 인정했다. 베시에 관한 다음과 같은 기록이 남아 있는 것을 보면 특출한 사람이었음이 분명하다. '베시가 만든 버터는 다른 사람이 만든 버터보다 파운드당 1페니를 더 받을 수 있다.'

베시는 글을 읽을 줄도 몰랐지만 지역교회에서 인정받은 설교자였다. 베시는 늘 신앙의 기쁨으로 충만했다. 베시는 유제품을 만들면서 항상 웨슬리의 찬양을 즐겨 불렀다. 베시의 설교를 돕기 위해 벤저민의 어머니 제인 브룸홀은 글을 읽지 못하는 그녀를 위해 매튜 헨리의 "성경 주석(Commentary on the Bible)"을 읽어주곤 했다. 베시는 브룸홀의 아이들을 사랑했고, 그녀는 대가족의 중요한 일원이었다.

장남 벤저민은 베시를 이륜마차에 태워 설교 장소까지 태워다 주는 일을 가장 즐거워했다. 예배당으로 갈 때는 베시가 어린 마부 벤저민을 상대로 설교 리허설을 하였고 돌아오는 길에는 그리스도를 따르는 일에 관한 강의를 하였다. 벤저민은 항상 베시의 말을 진지하게 들었다. 벤저민뿐만 아니라 베시의 말을 듣고 반감을 표하는 사람은 없었다. 베시는 설교자로서 마을의 모든 사람의 마음을 얻었다.

삶의 지표

벤저민이 맨 처음으로 다닌 학교는 브래들리에서 서쪽으로 몇 킬로미터 떨어진 이튼에 있는 교회였다. 그다음엔 지역 마을 학교에 다녔다. 이 학교 교장은 코넬리우스 브리짓이었는데, 그는 벤저민을 신앙적 배경이 확실하고 장래가 촉망되는 학생으로 보았다. 브리짓도 베시와 마찬가지로 어린 벤저민에게 큰 영향을 미쳤다. 5년 후에 십 대의 벤저민이 도제가 되기 위해 반즐리로 간다고 했을 때 브리짓은 험난한 길을 가게 될 제자에게 '삶의 지표'를 써서 건네주었다. 그 글은 19세기의 잠언이라고 해도 과언이 아니다. 벤저민은 브리짓 선생님이 주신 글을 평생 소중하게 간직하며 실천하려고 애썼다.

> 세상사에 대한 너 자신의 지식을 절대 믿지 마라.
> 성경을 최고의 보배로 여기고 소중히 여겨라.
> 늘 근신하고 술 취하지 마라.
> 인생의 모든 일을 하나님과 함께 시작하라.
> 기도가 일이 아니라 즐거움이 되게 하라.
> 하늘과 너 자신의 양심이 인정하는 것이 사람들의 갈채보다 훨씬 더 가치가 있다.

브리짓 선생님의 귀중한 조언은 '한 달에 한 번 이상 이것을 읽고 지켜라'라는 부탁으로 끝난다.

안전하고 행복한 가정, 정의롭고 경건한 아버지, 베시의 꾸밈없는 설교, '초기감리교회' 공동체의 따뜻함, 아버지 같은 코넬리우스 브리짓 선생님의 조언, 이 모든 것이 벤저민이 포목상이 되기 위해 브래들리 농장의 안락한 집을 떠난 이후에도 큰 영향을 미쳐서 벤저민의 역동적인 미래의 초석이 되었다. 벤저민 브룸홀의 가슴에서 평생 타올랐던 '거룩한 사랑의 불꽃'[5]은 어린 시절의 신앙적 경험을 통해서 준비되었다.

1844년, 벤저민이 집을 떠날 때 유일한

---

[5] 저자가 이전에 저술한 벤저민 브룸홀의 전기 제목 — 역자 주

여동생 앤은 13세였고, 찰스는 10세, 윌리엄은 7세, 애드윈은 5세, 존은 1.5세였다. 벤저민의 어머니는 일곱 번째 자녀 사무엘의 출산을 앞두고 있었다. 4년 후 브룸홀 가족은 헨리의 출생으로 완성된다.

03 반즐리의 도제

벤저민은 15번째 생일 직전에 반즐리에 도착했다. 십 대 소년이 브래들리에 있는 집과 포근한 가정을 뒤로 한 채 떠나는 것은 큰 발걸음이었다. 반즐리는 요크서 탄광의 중심부에 있었다. 광부들이 사는 회색빛 작은 오두막들이 관목으로 덮인 산비탈 선을 따라 옹기종기 서 있었다. 광부들은 거칠어 보였지만 벤저민은 얼마 지나지 않아 광부들이 따뜻한 사람들이라는 사실을 알게 되었다. 벤저민은 지역 재단사와 계약을 맺고 도제로 들어갔다. 벤저민은 자신이 선택한 포목거래 일을 잘 해내고 싶었다. 벤저민은 감리교도 부부 집에서 하숙했는데 하숙집 아들인 윌리엄 틸은 후에 벤저민의 여동생 앤과 결혼한다.

웨슬리안 감리교회

브래들리 출신의 벤저민은 웨슬리안 감리교회와 초기감리교회의 영향을 모두 받았다. 전자로부터 질서정연한 예배를 사랑하는 마음을, 후자로부터는 같은 영을 가진 사람들의 뜨거운 교제를 배웠다. 새로운 환경에서 첫 주일은 세인트 조지 교회에 참석했다. 얼마 후 벤저민은 견진 수업[1]에 참여했다. 교구 목사는 이 수업이 단지 형식이 아니라 신앙을 엄숙하게 고백하는 과정이라는 사실을 알려주기 위해 정성을 다했다.

벤저민은 자연스럽게 웨슬리안 감리교회에 출석하게 되었다. 그 지역은 유달리 '감리교가 우세'했다. 18세기 후반에 존 웨슬리는 자주 종종 반즐리를 지나다녔다. 그 당시만 해도 감리교 설교자들에겐 위험한 일이었다. 하지만 웨슬리의 설교와 경건한 삶을 통해 분위기가 바뀌었다. 1786년 6월 30일, 82세의 존 웨슬리는 일기에 이렇게 기록했다. '나는 온갖 악행으로 유명했던 반즐리를 포기했었다. 이전에는 감리교 설교자가 지나가면 박살을 낼듯한 기세였으나 지금은 최소한 개들은 으르렁거리지 않는다. 하나님께서 분명히 이곳 사람들을 백성으로 삼으실 것이다.' 그로부터 반세기가 지났다. 웨슬리의 예언은 실현되었다. 벤저민이 이 도시에 왔을 때 하나님이 정말 반즐리의 사람들을 자기 백성으로 삼으신 듯했다. 이 도시에서 벤저민은 자신의 믿음을 재확인했고 이후로는 절대 뒤돌아보지 않았다.

거룩한 사랑의 불꽃

벤저민이 반즐리에 도착한 지 2년 반이 지났다. 1847년 첫 주일에는 피트 스트리트의 웨슬리안 채플에서 예배를 드렸다. 설교자가 '너희가 어느 때까지 둘 사이에서 머뭇머뭇 하려느냐?'(열왕기상 18:21)라는 제목으로 설교를 했다. 이 말씀이 벤저민의 마음을 찔렀다. 벤저민은 감정적이거나 흥분을 잘하

[1] 견진 수업(confirmation class) : 청년에게 신앙을 심어주기 위한 강습 — 역자 주

는 사람이 아니었으나 뺨에 눈물이 흘러내렸다. 온전히 주님만 섬겨야 한다는 사실을 그때 처음 알았다. 기념비적인 그날 이후 11년이 지났을 때 벤저민은 약혼자 아멜리아에게 이렇게 말했다. '목사님이 그 본문을 읽자마자 결단의 순간이 온 것을 알았지요. … 성경 본문을 읽는 것만으로도 충분했어요. 설교 말씀은 기억이 안 나요. 그러나 내가 죄인이라는 사실을 처절히 느끼며 집으로 돌아간 일은 기억납니다.'

벤저민은 집에 도착하자마자 곧장 자기 방으로 갔다. 장차 처남이 될 윌리엄 틸은 벤저민이 교회에서 무슨 일을 겪었는지 알지 못했다. 하지만 벤저민에게 뭔가 큰 변화가 있다는 사실을 눈치챘다. 윌리엄이 벤저민에게 놀리듯이 물었다. '벤저민, 이제 우상을 섬기기 지쳤어?'

그다음 주일 윌리엄은 교구실에서 모이는 성경 공부 모임에 벤저민을 데리고 갔다. 벤저민은 회상한다. '절친한 친구 존 롤잉이 내게 말을 걸어왔다. 하지만 나는 아무 말도 할 수 없었다.' 그 모임은 감리교 예배형식에 따라 은혜롭게 마치고 모든 사람이 벤저민을 위해 기도했다. 벤저민은 후에 그 순간을 이렇게 회상했다. '나는 그 순간을 결코 잊지 못합니다. 지금도 그때의 기억이 나에게 영향을 미칩니다.' 이때 타오른 구세주를 향한 '거룩한 사랑의 불꽃'은 그의 나머지 생애 내내 활활 타올랐다.

벤저민은 그날 이후에 과거를 돌아보지 않았다. 평생 감리교 모임을 통해 필요한 가르침을 얻고 영적 교제를 하며 평생 웨슬리안 감리교 신자로 살았다. 마샬 브룸홀은 감리교 신자로서의 아버지에 대해 이렇게 말했다. '아버지는 회심한 이후 생을 마칠 때까지 오로지 인류의 구원과 도덕적 복지를 추구했다. 그리고 국내에서 그가 할

수 있는 모든 일을 하였다.'

벤저민은 이따금 스태퍼드셔 고향 집을 방문했다. 동생들은 무럭무럭 자라고 있었고 농장 생활은 예전과 별 차이가 없었다. 찰스 브룸홀의 장남이 반즐리에서 와서 교회에서 설교할 것이라는 소문이 돌자 마을 사람들과 농장 일꾼들은 일제히 동네 작은 예배당으로 몰려들었다. 젊은 벤저민의 설교 주제는 확실하고 분명했다. 마을 사람 모두가 벤저민의 설교를 열심히 들었다.

어느 날, 벤저민은 한 통의 편지를 받고 근심에 빠졌다. 아버지가 더는 교회에 출석하지 않고 가족이 함께 하는 성경 읽기를 인도하지 않는다는 것이다. 열아홉 살 아들은 아버지를 안타까운 마음에 급히 편지를 썼다. '아버님은 경건하셔야 할 뿐 아니라 가족을 영적으로 잘 돌보셔야 합니다. 교회에도 잘 출석하셔서 지켜보는 수많은 사람에게 본이 되셔야 합니다. … '

허드슨 테일러

이 무렵 포목상 주인의 도제 벤저민은 옆집에 살고 있던 청년과 친구가 되었다. 벤저민은 열아홉 살이었고 허드슨 테일러는 열여섯 살이었다. 허드슨 테일러의 아버지 제임스 테일러는 동네 약제사였는데 벤저민에게 걸어 다니는 백과사전처럼 보였다. 제임스 테일러는 어떠한 주제에 관해서도 이야기를 할 수 있었다. 책 한 권을 거의 다 암기할 수 있는 능력도 있었다. (제임스 테일러가 신학, 설교학, 약학, 프랑스 문학에 관한 책들을 아주 많이 읽었다고 아멜리아와 벤저민의 손자인 A. J. 브룸홀이 말한 바 있다.)

젊은 포목상 벤저민은 허드슨 테일러의 아버지 제임스 테일러의 서재에서 자주 책을 빌려서 읽었다. 약제사인 제임스 테일러가 읽었던 많은 책 가운데 바실 홀의 "조선 서해안 탐사기(Account of a Voyage of Discovery to the West Coast of Corea)"가 있었다. 벤저민은 이 책을 통해 동아시아지역에 관해 많은 것을 알게 되었고, 이로 인해 중국에 복음을 전해야 한다는 생각이 점점 커졌다. 제임스 테일러는 허드슨 테일러와 벤저민 브룸홀을 불러놓고 종종 이렇게 도전했다. '감리교도들은 인도와 아프리카에 선교사를 보내면서 왜 중국에는 안 보내는 걸까?' 두 십 대 청년은 중국 선교의 필요성에 깊이 공감하였다.

이들의 우정은 점점 깊어졌다. 허드슨은 종종 중국에 선교사로서 가고 싶다고 벤저민에게 속마음을 털어놓았다. 벤저민은 허드슨 테일러의 집에서 처음으로 선교에 대해, 특히 중국 사람에 대한 열띤 토론을 들었다. 중국 선교는 어느덧 벤저민의 가장 중요한 관심사가 되었다. 벤저민은 그해 말에 지역교회 설교자로 공인받아 정기적으로 순회 설교를 시작했다. 병자들을 방문했고 조언과 도움이 필요한 사람들을 상담했다. 이러한 사소한 섬김을 통해 벤저민은 앞으로 감당할 보다 큰 책임을 준비하고 있었다. 허드슨 테일러와의 영적 결속도 점점 더 깊어져 갔다.

아멜리아

벤저민은 제임스 테일러 부부를 자기 부모님이라 여기고 테일러의 집을 자주 방문했다. 그때마다 자기보다 여섯 살 어린 허드슨의 여동생을 보게 되었다. 아멜리아는 매력적이고 똑똑한 소녀였다. 아멜리아도 종종 해외 선교에 관한 토론에 참여하였다. 누가 보더라도 아멜리아가 그리스도를 사랑한다는 사실은 명백했다. 아멜리아의 일상생활이 그것을 보여주었다. 벤저민은 어느덧 아멜리아를 사랑하게 되었다. 아멜리아의 오빠인 허드슨에게 속마음을 털어놓았으나 허드슨은 벤저민을 격려해주지 않았다. 허드슨은 자신이 여동생 마음에서 친구의 뒷자리를 차지하는 것이 힘들었다. 그만큼 허드슨 남매는 특별히 서로 가까웠다.

아멜리아는 열네 살에 집을 떠나 이모가 운영하는 바턴 온 험버(Barton-on-Humber)에 있는 학교에 다녔다. 그러던 중 삼촌 조셉 허드슨의 아내가 세상을 떠났다. 그러자 삼촌은 테일러 부인에게 아멜리아가 조카들과 집을 돌볼 수 있도록 도드워스(Dodworth)에 있는 목사관에 계속 머물 수 있는지 물었다. 아멜리아가 삼촌 집에 머무는 몇 년간 벤저민은 아멜리아를 전처럼 자주 볼 수 없었다. 아멜리아가 휴가차 잠깐 들렀을 때만 볼 수 있었을 뿐이었다. 1851년, 아멜리아가 학교로 떠난 지 2년 후, 허드슨 테일러는 먼 친척인 리처드 하디 박사 밑에서 약제사로 일하기 위해 헐(Hull)로 옮겨갔다. 아멜리아와 허드슨은 부모님이 있는 반즐리를 정기적으로 방문했으나 자기 집으로 벤저민을 데리고 가지는 않았다. 아멜리아는 날이 갈수록 더욱 아름다워지고 그 속사람도 성숙해져 갔다.

허드슨은 CES(중국 복음 전도회)와 정기적으로 교류하면서 계속해서 중국에 가는 일을 추진했다. 리처드 하디와 일하기 위해 반즐리를 떠난 지 일 년 후, 허드슨은 런던으로 가서 임시 일자리를 구하고 CES와 교섭을 계속했다. 중국으로 가는 일이 점점 더 현실에 가까워졌다. 벤저민은 중국으로 가기 위해 열심히 준비하는 친구를 보기 위해 런던으로 갔다. 벤저민과 허드슨은 함께 노래하고 찬양을 하면서 반즐리에서의 지난 시절을 회상하고 미래의 꿈을 나누었다.

벤저민이 반즐리로 돌아왔을 때 허드슨 부모는 긴장하고 있었다. 허드슨이 태어나기 전부터 아들이 중국에서 하나님을 섬기게 해 달라고 기도했지만, 막상 떠난다니 심란했다. 벤저민은 허드슨 테일러의 부모를 위로하며 여가 상당 부분을 그들과 함께 보냈다. 벤저민은 이렇게 위로했다.

"하나님이 허드슨을 부르셨잖아요? 그러니 하나님이 당연히 보호해 주시지 않겠습니까?"

드디어 제임스 테일러에게 올 것이 오고야 말았다. 제임스 테일러는 배를 타고 떠날 허드슨을 배웅하기 위해 리버풀로 가야 했다. 아버지와 아들은 부둥켜안고 울면서 함께 기도했다. 1853년 9월 19일에 허드슨 테일러는 작은 돛이 세 개 달린 범선 S. S. 덤프리스 호를 타고 상하이를 향해 떠났다. 6개월의 거칠고도 긴 항해의 시작이었다.

벤저민의 여동생 앤은 윌리엄 틸과 결혼해서 반즐리에 정착했다. 벤저민은 잠시 그들과 함께 살다가 포목상 자격증을 얻은 후 반즐리를 떠났다. 앤은 1859년에 소천했다.

벤저민이 떠날 때 아멜리아는 여전히 도드워스에 있는 목사관에 있었다. 젊은 벤저민은 브래드포드로 갔다가 런던에 정착했다. 이미 주님을 섬기기로 결단하였지만, 주님이 자신을 어디로 인도하실지는 알지 못했다. 그때까지만 해도 아멜리아와 결혼하고 평생 런던에 살면서 머나먼 중국 땅에 사는 주의 백성을 섬기게 될 줄 꿈에도 생각하지 못했다.

04 런던 생활

벤저민 브룸홀은 26세가 된 1854년 초에 런던으로 이주해서 뉴 본드 스트릿 20번지에서 직물 거래업을 시작했다. 런던의 '주문형' 옷 제작은 벤저민의 가게가 있는 웨스트엔드에서 주로 이뤄졌다. 당시 런던 남성의 6%, 여성의 8%가 의복과 관련된 직업에 종사하고 있었다. 가게 조수들과 직원들은 고용주가 제공하는 숙소에 살아야 했는데 숙소들은 대부분 비위생적이고 좁았다. 벤저민의 고객들은 주로 영국 상류층으로 부유하고 영향력이 있는 사람들이었다. 상류층 사람들은 정장에 대한 요구사항이 매우 까다로웠다. 빅토리아시대에 부유층의 필요를 충족하는 포목상이 큰 수익을 올릴 수 있었다. 역사학자 클라이드 빈필드는 빅토리아 시대에 가난한 비국교도 출신 포목상들이 열심히 일한 덕분에 신분 상승과 함께 부를 누릴 수 있었다고 평가했다. 그들은 종종 집사나 장로가 되어 교회의 지도자가 되기도 했다. 벤저민 브룸홀도 그런 경우였다.

빛과 어둠

수입도 좋고 안정적인 일자리를 찾기 위해 많은 포목상이 런던에 모여들었다. 런던에는 젊은이들을 유혹하는 것 천지였다. 런던에서의 첫 24시간 이내에 '젊은이가 정착할 곳이 천국일지 아니면 지옥일지 판가름 난다'라는 말이 있을 정도였다. 젊은이들은 긴 노동이 끝나면 휴식을 위해 기분전환 거리를 찾다가 결국 술집 아니면 지저분한 야간 업소로 몰려가곤 했다. 늦은 밤에 젊은이들이 숙소로 돌아가는 어두운 골목길에는 악취가 가득했다.

벤저민의 생활은 또래 젊은이들과 매우 달랐다. 벤저민은 힌데 스트리트 웨슬리안 감리교회에 다녔는데 거의 매일 저녁 유명 인사들의 강연을 들으러 다녔다. 벤저민은 이름만 들어보았던 위대한 설교자들의 강연을 듣는 것을 큰 특권으로 여겼다. 뉴 파크 스트리트 침례교회에서 찰스 스펄전이 설교를 할 때면 교회 안이 사람들로 꽉 찼다. 몇 년 후 찰스 스펄전은 엘리펀트 앤 캐슬에 메트로폴리탄 태버너클 예배당을 지었다. 영국 복음주의의 중심지라고 할 수 있는 엑스터 홀에서는 폭넓고 다양한 주제 강의가 열렸다. 벤저민은 누구보다도 자신의 영적 유익을 추구하는 일에 열심이었다.

새벽 이슬같은 젊은이들

벤저민이 런던에 도착한 직후에 급속한 성장세를 보이던 청년 운동인 YMCA(Young Men's Christian Association)를 알게 되었다. YMCA는 젊은이들을 유혹하여 길을 잃게 만드는 많은 유흥업소와 맞서는 중요한 역할을 하고 있었다. YMCA는 벤저민이 도착하기 10년 전인 1844년에 조지 윌리엄스에 의해 창설되었다. YMCA는 청년들의 필요를 제대로 이해하고 그들의 인격 형성을 돕기 위한 진취적인 정책을 폈다. 그 일환으로 스포츠와 사회활동과 종교 활동을 접목했다. 도시마다 지부가 생겼고 급기야 영국 전역의 도시는 물론 북미와 유럽까지 운동이 확산하였다.

벤저민은 YMCA 본부에서 성경과 교육 강좌를 들었다. 이윽고 YMCA 지도자들의 눈에 들면서 성경 토론을 인도하고 선교사역에 관해 설명할 기회를 얻게 되었다. 이 시기에 YMCA 운동의 창립자 조지 윌리엄스도 만났다. 조지 윌리엄스는 벤저민보다 8살 위였으나 두 사람은 곧 친구가 되었고 이후 50년 동안 두 사람은 깊은 우정을 나누게 된다.

두 젊은이에겐 공통점이 많았다. 벤저민이 요크셔에 있는 비국교도 교회를 다니다가 런던으로 왔듯이 윌리엄스도 서머싯의 브리지워터에 있는 벤저민이 다니던 교회와 유사한 교회에 출석하다가 런던으로 왔다. 두 사람 모두 유능한 포목상 도제로서 더욱더 넓은 직물 거래의 장을 찾아 대도시로 왔다. 윌리엄스는 루드게이트 힐에 있는 급성장하는 섬유 거래업체인 히치콕 앤 로저스(Hitchcock & Rogers)에 들어갔다. 두 사람 모두 설교자였고 성경을 배우는 일에 열심이었으며 해외 선교에 대한 관심이 많았다. 이러한 공통점은 어떤 관계를 낳았을까? 많은 세월이 지나 40년 후, 조지 윌리엄스 경은 CIM의 연례회의를 주관했고 벤저민은 회계 보고를 하게 된다.

벤저민은 감리교 내에 여러 갈등이 있었음에도 불구하고 웨슬리안 메소디스트 교회에 대한 충성심을 유지했다. 벤저민은 신뢰와 인정을 받는 지역교회 설교자였다. 교회에서 선교회 총무를 맡았고 주일 학교에서 아이들을 가르쳤다. 웨슬리안 감리교 선교협회 공식회의에 참석했고 귀국한 해외선교사들의 선교 현장 보고를 각별한 관심을 두고 들었다. 1857년에 벤저민은 여느 때처럼 선교 회의에 참석했다. 피지에서 온 제임스 캘버트가 비와섬(Viwa)에서 '무장한 원주인'에게 둘러싸였으나 '극적으로 구출'된 생생한 이야기를 전할 때 벤저민은 매우 놀랐다. 그 무렵 캘버트는 영국에서 피지의 성경 인쇄를 감독하고 있었다. 후에 웨슬리안 감리교 선교협회의 총무가 된 윌리엄 아서 목사가 폐회 기도를 했다. 한 문장이 벤저민을 감동하게 했다. '사역을 위해 드린 이 예물을 축복하소서!' 벤저민은 아멜리아에게 보낸 편지에 '이 기도를 들을 때 내 감정이 북받쳐 올랐소!'라고 썼다. 선교사들에게 필요한 것들을 공급하는 일에 평생을 바친 벤저민의 소명이 조금씩 구체화하고 있었다.

갈 것인가? 남을 것인가?

1854년에 허드슨 테일러는 벤저민에게 편지를 보냈다.

'머지않아 형님도 이 일에 동참할 것으로 생각합니다. 굳이 이곳에서가 아니라도 형님이 쓰임 받을 것을 상상해 보십시오. 죽기까지 형님을 사랑하시는 그분을 위해, 모든 것을 내버려 두고 그분을 따라서. 이 중요한 사역에 형님이 동참하시기를!'

중국에서 보내온 허드슨 테일러의 편지는 이렇듯 부담을 주는 말로 끝날 때가 많았다. 허드슨 테일러만큼이나 영적으로 예민한 청년 그리스도인 벤저민은 이러한 말을 듣고 중국 선교사로 헌신할 가능성에 대해 진지하게 생각하지 않을 수 없었다.

친한 친구인 허드슨 테일러가 이처럼 강하게 부탁을 하자 벤저민은 다른 친한 친구에게 자기가 과연 해외선교사로 적합한지 자문했다. 친구는 벤저민에게 선교사의 자질보다는 뛰어난 대인관계와 홍보역량이 있다고 말해주었다. 벤저민은 친구의 평가를 받아들였다. 벤저민은 아프리카나 인도, 또는 중국에 선교사로 갈 생각을 접었다. 대신 영국에 머물면서 자신의 재능으로 평생 해외 선교사역을 돕겠다고 다짐했다.

후에 허드슨 테일러는 다른 선교사들로부터 존경과 인정을 받으려면 목사 안수를 받는 것이 좋을 듯하다는 충고가 담긴 편지를 보냈다. 허드슨 테일러의 뼈아픈 경험에서 나온 조언이었다. 허드슨 테일러는 자신이 속한 웨슬리안 감리교단이 여전히 중국에서 사역한 적이 없다는 점을 지적했다. 벤저민이 보기에 영국 장로교인들은 캘빈주의 쪽으로 지나치게 기울었고, 성공회는 주교의 통제를 너무 받고 있었다. 그러나 LMS의 선교사들은 벤저민처럼 역량이 있었고 책과 지식을 사랑했을 뿐 아니라 그들은 단체 안에서 어느 정도의 자유를 가지고 합리적으로 일하고 있었다. 벤저민은 어떻게 선교단체와 관련을 맺고 해외 선교사역을 도울지 더욱 깊이 생각하기 시작하였다.

아멜리아, 아멜리아

뉴 본드 스트리트에서 벤저민이 운영하던 상점은 날로 번창하고 있었다. 많은 수익을 올릴 수 있었던 이유는 차터하우스 학교에 교복을 납품할 수 있었기 때문이다. 벤저민도 어느덧 결혼해 가정을 꾸릴 나이가 되었다. 벤저민은 친한 친구의 헌신적인 여동생이며 상냥하고 매력적인 아멜리아를 잊을 수 없었다. 아멜리아는 부끄럼을 잘 타고 내성적인 성격이었지만 복음과 선교사역에 대해서만큼은 확고했다. 벤저민은 아멜리아를 몇 년 동안이나 만나지 못했다. 과연 '떨어져 있을수록 더 애틋해진다'라는 말이 맞았다. 아멜리아가 자신의 사랑을 받아줄지 아니면 세월이 흘러서 그녀가 변했을지 알 수가 없었다. 만일 아멜리아가 사랑과 우정을 받아준다면 자신은 정말 행운아

일 것이라고 벤저민은 생각했다. 벤저민은 아멜리아를 놓고 한동안 깊이 기도했다.

벤저민은 마음을 졸이며 딸 아멜리아에게 편지해도 되는지 아멜리아의 부모에게 묻는 서신을 보냈다. 이것이 빅토리아 시대의 관습이었다. 제임스 테일러는 기꺼이 허락한다는 답장을 보내왔다. '자네의 도덕성과 기독교인으로서의 품행을 높이 평가하므로 자네의 요청을 받아들이지 않을 수 없네….' 의례적인 문구를 사용한 답장이었으나 승인임이 분명했다. 마샬 브룸홀이 책에서 표현한 것처럼 드디어 '천국으로 들어가는 문이 열렸다.' 그 후 반즐리와 런던 사이를 오가는 편지에 뜨거운 사랑을 표현하는 열정적인 표현이 갈수록 늘어난다. 그로부터 일 년 후인 1857년에 벤저민과 아멜리아는 약혼을 하였다.

매해 첫 주일이면 벤저민은 1755년에 존 웨슬리가 정한 언약 갱신 예배(Covenant Service)에 참석하기 위해 교인으로 등록된 교회에 갔다. 10년 전 반즐리에서 신년예배를 드렸을 때처럼 다시금 헌신의 고백을 하기 위해서였다. 벤저민은 진실한 마음으로 엄숙하게 그리스도와의 약속을 새롭게 했다.

주님! 이제 저는 더 이상 제 것이 아니라 주님의 것입니다. 주님 뜻대로 저를 사용하시고, 주님 뜻대로 있게 하소서. 실천하는 사람이 되게 하시고, 고난도 받을 수 있는 사람이 되게 하소서. 직분을 맡아도 맡지 않아도 오직 주님을 위한 삶이 되게 하소서. 높임 받아도 주님을 위하여, 낮아져도 주님을 위한 것이 되게 하소서. 늘 충만하게 하옵소서. 진실로 비울 수 있게 하옵소서. 저를 채우소서. 아무것도 가지지 않게 하옵소서. 제가 가진 모든 것을 주님을 기쁘시게 하고 주님께서 사용하시도록 온 마음 다하여 바치게 하소서. 주께서 원하시는 대로 사용하여 주소서.

주님께 재헌신한 벤저민은 약혼녀 아멜리아에게 다음과 같은 편지를 썼다. '당신에게 저의 재헌신 서약서 사본을 보냅니다. 당신도 주일에 성령 안에서 하나님과의 언약을 엄숙하게 재확인하기를 바랍니다. 일 년 내내 주님의 성령 안에서 살도록 노력합시다.' 매년 언약을 갱신하는 일은 주님이시며 스승이신 그리스도를 향한 '거룩한 사랑의 불꽃'을 유지하는 데 도움이 되었다. 이렇게 두 사람의 불꽃은 하나가 되어갔다.

두 젊은 남녀는 예수 그리스도를 온전히 따르기를 열망했다. 편지로 그리스도인들이 극장에 가야 하는지, 술을 마셔야 하는지, '흥겹고 재미있는 크리스마스 캐럴'을 불러도 되는지를 토론했다. 그 무렵 유명한 스웨덴의 소프라노 가수 제니 린드가 영국 순회공연을 하면서 인기를 누리고 있었다. 어느 날 제니 린드는 벤저민에게 고별 콘서트 티켓을 주었다. 벤저민은 편지로 아멜리아에게 자기 생각을 이야기했다. 제니 린드의 노래를 듣고 싶었지만, 초청을 받아들일 수 없었다. 왜냐하면, 고별 콘서트 프로그램에는 성가와 세속적인 노래가 모두 포함되어 있었기 때문이다. 벤저민은 거룩한 것과 세상의 것은 섞일 수가 없다고 생각했다. 나이가 들수록 누그러졌지만 젊은 시절의 벤저민은 문화적으로 편협한 경향이 있었다.

이 시기에 벤저민과 아멜리아가 주고받은 편지에는 중국에 있는 허드슨의 사역에 합류할지 하지 않을지에 대한 논의가 많은 부분을 차지하고 있다. 국내에서 돕겠다는 벤저민의 확고한 결정을 아멜리아도 알고 있었다. 하지만 허드슨 테일러의 집요한 지속적인 요청에 아멜리아의 마음이 흔들렸다. 아멜리아는 약혼자인 벤저민의 마음이 바뀌지 않으면 허드슨의 요청을 받아들일 수 없다는 사실을 알았다. 아멜리아는 조심스럽게 약혼자에게 편지했다. '중국에 가는 문제에 관해 이야기했으면 좋겠어요. … 중국 이야기가 나올 때마다 늘 하는 말이지만 저희도 가야 하지 않을까요?'

선교사가 되지 않겠다는 벤저민의 결심이 얼마나 확고한지 아멜리아는 점차 깨닫게 되었다. 중국이 아니라면 국내에서 선교사역을 도울 수 있는 방법을 찾아야겠다고 생각했다. 하지만 허드슨의 간청은 매년 계속되었고, 아멜리아에게 사랑하는 오빠의 청을 거절하는 일은 쉽지 않았다.

벤저민과 아멜리아는 사랑 편지를 주고받으면서도 늘 허드슨의 건강과 안전에 관해서 이야기했다. 허드슨이 중국에 도착한 시점은 태평천국 운동이 한창일 때였다. 태평천국 운동이 중앙 행정구[1]를 중심으로 확대되면서 파괴와 살상이 난무했다. 중국에 관한 소식이 신문에 실릴 때마다 벤저민과 아멜리아의 관심은 오직 허드슨 테일러의 안부에 있었다. 어느 날 허드슨이 중국인처럼 머리를 밀고 중국 복장을 했다는 소식이 전해졌다. 아멜리아는 너무나 걱정이 되어 병이 날 지경이라고 벤저민에게 편지를 썼다. 벤저민은 아멜리아를 진정시키려고 노력했다. 1857년에는 더욱 걱정스러운 소식이 전해졌다. 허드슨은 중국에 도착한 지 4년 만에 CES에서 탈퇴하였다. 이제 허드슨 테일러는 정치적으로 위험하기 짝이 없는 먼 나라에서 어떠한 후원도 없이 홀로

[1] 광시성을 말한다 - 역자 주

남게 되었다. 중국에 도착한 이후에 허드슨 테일러가 CES로부터 받았던 재정적 후원이 얼마나 적었는지 아멜리아와 벤저민은 전혀 알지 못했다.

2년간의 숨 가쁜 서신 교환이 드디어 해피 엔딩으로 끝났다. 젊은 구혼자는 런던을 떠나 반즐리를 향해 가슴 벅찬 여행을 떠날 수 있었다. 1859년에 벤저민 브룸홀과 아멜리아 테일러는 성스러운 결혼식을 올렸다. 벤저민은 강력한 우군을 얻었다. 하나님은 허드슨 테일러를 위해 후방에 강력한 지원부대를 조직하고 계셨다.

05 포로 된 자에게 자유를

아프리카의 어떤 마을이다. 오두막은 화염에 싸여 있다. 마을 사람 일부는 이미 잡혀있다. 몇몇 사람들은 비명을 질러대는 아이들을 끌어안고 들판을 질주하며 달아난다. 풀밭, 동굴, 습지, 숲 등 숨을만한 곳이면 어디든 숨어야 한다. 노예상들은 늙거나 병약해서 상품 가치가 없는 사람은 죽이거나 굶어 죽도록 내버려 둔다. 건강한 남녀와 어린 아이들은 쇠사슬에 묶인 채 길게 줄지어 있다. 뜨거운 태양이 땅을 달군다. 노예들은 채찍을 맞으며 긴 줄을 이루고 끝도 없이 걷고 또 걷는다. 이들은 잃어버린 가족과 떠나온 고향을 생각할 겨를도 없이 더럽고 악취가 나는 배에 짐짝처럼 실린다. 노예들의 선실은 움직일 수 없을 정도로 좁고 상상할 수 없을 정도로 더럽다. 자신의 배설물과 구토로 인해 노예들은 점차 자신이 인간이었다는 사실마저 잊는다. 노예 시장이 열리는 항구에 도착하기도 전에 상당수가 시체가 된다. 이것은 영화의 한 장면이 아닌 19세기 중반 영국의 현실이었다.

데이비드 리빙스턴

이 모든 장면을 생생하게 묘사하던 강사는 바로 유명한 선교사이며 탐험가인 데이비드 리빙스턴이었다. 거대한 엑서터 홀에 수많은 청중이 모였다. 노예 매매가 사악하다는 것이 강연의 주제였다. 노예 매매의 끔찍한 실상이 벤저민의 양심을 짓눌렀다. 리빙스턴이 어떤 통계를 제시하자 온 청중이 경악했다.

"해안까지 무사히 도달해서 판매가 가능한 노예가 한 명이라면 그 열 배에 해당하는 열 명이 아프리카 내지에서 죽습니다."

리빙스턴은 특별히 청년들을 향해 강하게 호소했다.

"오늘 여러분에게 내가 할 수 있는 말은 단 한마디입니다. 여러분이 세상의 상처를 치유하는 일에 동참한다면 미국인이든지 영국인이든지, 국적과 상관없이 하늘의 풍성한 축복을 받을 것입니다."

리빙스턴은 다음 질문으로 강연을 마쳤다.

"노예상들은 노예 매매를 위해 험지를 찾아 들어갑니다. 그렇다면 그리스도의 사랑을 전하는 선교사들은 왜 그곳에 갈 수 없습니까?"

리빙스턴은 뛰어난 연사였다. 야만적인 노예 매매의 관습은 리빙스턴의 마음의 무거운 짐이었고 그 짐은 청중에게 전가되었다. 강연이 끝나자 청중들은 몰려들어 리빙스턴에게 여러 질문을 했다. 강연에 압도당한 벤저민 브룸홀도 질문을 했다. 벤저민은 그때의 경험을 결코 잊을 수 없었다. 그날 밤 벤저민은 아멜리아에게 이렇게 썼다.

노예제도가 폐지되기 전에는 우리가 어떤 위대한 일을 하더라도 의미가 없습니다. 그런데 만약 우리가 가난한 한 영혼이 구원받고 자유를 얻을 수 있도록 돕는다면 그 수고는 절대 헛되지 않을 것입니다. 노예들의 고통이 거대한 산과 같을지라도 우리와 뜻을 같이하는 사람들이 힘을 모으면 그 산은 조금씩 허물어질 것입니다. 우리의 작은 수고를 통해서라도 하나님이 일하시기 바랍니다.

벤저민은 리빙스턴과 잠시 나누었던 대화와 그 대화가 미친 영향에 대해서도 말했다. 아멜리아가 답장을 보냈다.

'리빙스턴 박사와 이야기를 나누었다니 정말 멋지네요. 정말 고귀한 분이지요. 짧은 대화긴 하지만 얼마나 기쁘셨겠어요!'

거룩한 분노

18세기 들어 노예매매가 더욱더 횡행했다. 노예매매 반대 운동을 처음 시작한 존 웨슬리는 1774년 "노예 제도에 대한 생각(Thoughts upon Slavery)"을 출판했다. 이 책에서 웨슬리는 '어떠한 경제적 이득도 노예제도의 부정의와 잔혹함을 정당화할 수 없다'라고 주장했다.

영국 국민들은 노예제도를 옹호하기도 하고 비난하기도 했으나 대부분 복음주의 그리스도인들은 노예매매와 싸우는 편에 섰다. 윌리엄 윌버포스와 복음주의 동료들의 노예 폐지 운동의 결과로 1807년에 노예제도가 마침내 법적으로 폐지되었다. 그리고 1833년에 들어와서 T. F. 벅스톤과 다른 몇몇 사람들의 노력으로 대영제국 전역의 노예들이 법적으로 해방되었다.

그러나 얼마 지나지 않아서 영국의 그리스도인들은 이전보다 더 많은 노예가 대서양을 건너고 있다는 사실을 알게 되었다. 아랍인과 스와힐리 인에 의해 여전히 동아프리카에서 노예매매가 행해지고 있었다. 프랑스, 스페인, 포르투갈, 그리고 미국 남부지역에서 여전히 노예제도가 성행했다. 1851년에서 1856년 사이에 리빙스턴은 아프리카 횡단을 해냈다. 역사에 남을 탐험이었다. 리빙스턴은 아프리카에서 아랍 노예무역이 이루어지는 모습을 보고 경악했다. 그래서 그토록 필사적으로 엑스터 홀에 모인 청중에게 호소했던 것이다.

노예 문제는 벤저민이 대도시로 와서 제일 먼저 대면한 도전이었다. 벤저민이 런던에 도착하기 일 년 전에 "톰 아저씨의 오두막"의 저자 해리엇 비처 스토 부인이 엑스터 홀에서 강연했다. 노예제 반대론자인 그녀의 책은 널리 읽혔다. 벤저민이 도착한 당시에 노예제도의 잔혹성에 대한 기독교 대중의 감정은 격해져 있었다. 벤저민은 브래들리에서의 어린 시절부터 아버지 찰스 브룸홀의 영향을 받아 공의와 사회정의에 대해 남달리 예민했다. 잔인함이나 착취를 목격할 때마다 벤저민은 관련자에게 곧바로 항의했다. 그로 인해 반감을 살 때도 있었지만 누구도 벤저민의 거룩한 분노를 잠재울 수 없었다.

도무지 참을 수 없었던 벤저민은 용기를 내서 새프츠버리 백작을 찾아갔다. 그리스도인이며 정치인이던 새프츠버리 백작은 착취당하던 사람들의 후원자였다. 새프츠버리 백작의 관심은 해외의 인도 공장노동자에서부터 국내의 굴뚝 청소부, 구걸하는 어린이들, 목화밭에서 일하는 아이들, 공장에서 일하는 소위 '아동 노예'에 이르기까지 광범위했다. 새프츠버리 백작의 전기 작가 가운데 한 사람인 존 커톤은 백작을 '열렬한 노예제도 폐지론자이며 아프리카인의 친구'로 묘사했다. 벤저민은 자신도 백작과 같은 영향력을 지닌 위치에 있다면 마땅히 그런 일을 할 것으로 생각했다. 새프츠버리 백작은 젊은 벤저민의 마음을 사로잡았다.

두 사람은 노예 노동을 당연시하는 미국에 대해서 한마음으로 비판했다. 하지만 현명한 정치가는 젊은 벤저민에게 미국을 드러내 놓고 비난하면 위험하다고 경고했다. 하지만 결국 새프츠버리 백작도 다음과 같이 공언했다.

"우리 영국은 미국의 노예에 대한 죄를 공유하고 있습니다. 우리가 미국을 지배하는 동안 그들에게 그릇된 제도를 받아들일 것을 강요했습니다. 그들은 사악하고 어리석은 우리에 의해 강요당한 것을 실행하였을 뿐입니다."

분노한다고 해서 해결될 문제가 아니었다. 이 일은 전쟁이었다. 이미 적은 패배하기 시작했으나 마지막 숨통을 끊어 놓아야 했다.

행동하는 양심

얼마 후 벤저민은 노예제도반대 협회에 가입하고 그 단체의 서기가 되었다. 19세기 중반에 전략과 방향성이 다른 많은 노예제 반대 단체가 세워졌다. 벤저민이 약 20년이나 봉사를 하던 단체는 그리 큰 단체가 아니었다. 벤저민이 맡은 업무는 회의를 준비하고 세부 사항을 기록하며 많은 사람에게 연락하는 일이었다. 아멜리아에게 보낸 편지에서 벤저민은 노예 제도를 '노예들의 고통의 거대한 산'으로 묘사했다. 벤저민은 자신이 큰 산을 허무는 일에 작지만 중요한 역할을 한다고 생각했다.

'일손이 너무 달립니다. 괜히 반노예제도 협회의 서기가 되었다고 생각할 정도예요. 생각했던 것보다 훨씬 일이 많아요.'

노예 반대 운동을 하던 사람들은 흐름이 유리하게 바뀌고 있다는 것을 알았다. 1860년 초에 미국에서 남북 전쟁이 벌어졌다. 전쟁의 주요 쟁점은 노예의 소유였다. 1863년 1월 1일에 에이브러햄 링컨 대통령은 노예제 폐지를 선언했다. 곧이어 관습을 종식할 일련의 조치가 뒤따랐다. 1867년에 파리에서 반노예제 콘퍼런스에 참석한 대표자들은 다음과 같은 만족할만한 성명에 합의할 수 있었다.

"세계 곳곳에서 노예무역이 쇠퇴하고 있다. 미국에서 엄청난 사건이 벌어지고 있다. 약 4백만 명이 짐승의 취급을 받다가 비로소 인류에 편입하였다."

노예 제도가 여전히 시행되고 있던 스페인과 포르투갈과 그들의 식민지국들, 브라질, 터키, 이집트, 트란스발 공화국, 동아프리카 등과 같은 지역의 정부들은 이 성명에 우려를 표명했다. 하지만 분명히 노예무역이 급격히 쇠퇴하고 있었다. 이것이 대세였다.

많은 노예 반대 운동가들이 인도와 중국에서 벌어지는 아편 거래를 묵인했다. 새프츠버리 백작은 에쉴리 경이었을 적에 하원에 중요한 결의안을 제출했던 1843년 초의 입장으로 돌아가야 했다.[1] 새프츠버리 백작은 이렇게 말했다.

"아편 무역을 지속하고 영국령 인도에서 양귀비재배를 독점함으로써 경제 성장을 꾀하겠다는 것이 하원의 입장이다. 이로 말미암아 영국과 중국과의 모든 친선관계가 파괴되고 합법적 통상은 감소할 것이다. 국내 제조업에도 해로울 것이다. 이러한 정책은 무엇보다 기독교 국가로서의 명예와 책임에 위배된다. 따라서 정부와 개인의 권리 차원에서 아편 무역이라는 악을 폐지하는 조치가 속히 취해져야 한다."

벤저민은 노예무역과의 전쟁에서 큰 승

[1] A.J. Broomhall, Hudson Taylor and China's Open Century (London, Hodder & Stoughton, 1989), volume 1, pp. 267,268.

리를 거두었다고 생각하고 반노예제도 운동에서 손을 떼었다. 벤저민은 새프츠버리 백작과 또 다른 전쟁에 뛰어들었다. 이번에는 아편과의 전쟁이었다. 이는 중국과 깊은 연관이 있는 사안이었다.

06 아멜리아 이야기

곱슬머리 허드슨 테일러 오빠가 아멜리아에게 첫걸음마를 가르쳐주었다. 좀 자라자 남매는 종종 '교회' 놀이를 했다. 허드슨이 의자에 올라가 설교를 하면 아멜리아는 교인 역할을 하며 열심히 들었다. 근처의 룬 숲에서 나비를 쫓아다니고 꽃을 꺾기도 했다. 허드슨은 채집한 곤충을 아버지의 약상자에 보관했다. 허드슨은 자연과 야생동물에 관심이 아주 많았고 아멜리아도 오빠를 따라 같은 취미를 갖게 되었다. 여동생 아멜리아가 잠자리에 들 때면 허드슨은 곁에 앉아 사랑하는 동생이 잠들기까지 짧막한 이야기들을 들려주었다. 아주 어릴 때부터 두 사람은 남달리 친했으며 나이가 들어갈수록 친밀감은 더욱 더 깊어졌다.

허드슨 테일러의 조력자

아멜리아 테일러는 허드슨 테일러보다 세 살 어렸다. 아멜리아는 어릴 때부터 아버지가 어머니에게 작성할 설교문을 불러주는 소리를 들으며 자랐다. 이따금 지역 설교자들이 침사이드 21번가에 있는 집에 모이곤 했다. 아멜리아는 어릴 때부터 설교와 신학과 정치에 관한 토론이 벌어지면 귀를 쫑긋하고 듣곤 하였다.

허드슨 테일러와 아멜리아가 어느 정도 자라자 그리스도인으로서 봉사활동을 시작했다. 부모가 반즐리의 빈민 지역에서 전도지를 나누어줄 때 어린 남매도 함께했다. 매 주일 감리교회 예배에 참석하고, 감리교 창설 100주년 기념회에도 참여할 정도로 활동을 열심히 했다. 그런데 허드슨이 처음으로 바깥세상과 접하게 되자 '모태 신앙'의 실상이 드러났다.

허드슨이 지역 은행에서 일할 때 기독교를 반대하는 동료들로부터 조롱과 비웃음을 당했다. 그때부터 기도 모임에 참석하는 일에 짜증을 내기 시작하더니 급기야 신앙에 대해 회의를 하고 유물론적 사고를 하게 되었다. 아멜리아는 마음이 아팠다. 그날부터 아멜리아는 사랑하는 오빠의 회심을 위해 열심히 기도했다.

어느 날 휴일 허드슨 테일러는 아버지의 서재에서 전도지를 발견했다. 전도지에 쓰인 한 문장이 허드슨의 눈을 사로잡았다. '십자가 위에서 모든 것을 이루신 그리스도.' 이 진리로부터 허드슨의 회심의 과정이 시작되었다. 드디어 1849년 열일곱 살이 되던 해에 허드슨 테일러가 회심했다. 며칠 후 아멜리아는 그 소식을 듣고 기뻐했다. 아멜리아와 허드슨은 이제 영적으로도 가까운 사이가 되었다. 아멜리아는 평생 허드슨의 친구이자 조력자가 되었다.

선교사 지망생

허드슨 테일러는 은행에서 몇 년 일하다가 아버지의 약국 일을 도왔다. 열아홉 살이 되자 먼 친척인 로버트 하디 박사 밑에서 일을 하기 위해 헐(Hull)로 갔다. 헐에서 허드슨 테일러는 CES 지도자들과 접촉하며 선교의 꿈을 키워갔다.

허드슨은 아멜리아의 열여섯 번째 생일선물로 만국박람회를 구경시켜주기로 했다. 허드슨을 따라 런던으로 간 아멜리아는 런던에서 일주일간 머물렀다. 1851년 5월 1일에 빅토리아 여왕은 박람회 개막식을 열었다. 할인 관람권은 영국 전역으로부터 수많은 사람을 대도시 런던으로 끌어들였다. 하루 평균 관람객이 약 43,000명 이상으로 추산되었다. 한적한 시골 요크셔에서 온 허드슨과 아멜리아는 관심이 있는 전시를 하나라도 더 구경하기 위해 인파를 뚫고 누비고 다녔다. 허드슨 테일러는 특히 탐구와 과학과 관련된 전시에 관심이 많았다. 두 사람은 웨스트민스터 사원, 런던탑, 리젠트 파크 등 런던의 유명한 장소를 두루 구경하기 위해 내내 걸어 다녔다.

그러나 허드슨에게는 런던에 온 다른 목적이 있었다. 허드슨은 계속해서 연락을 주고받았던 CES 지도자를 만나고 싶었다. 선교회의 일원이 되어 중국에 가서 선교 사역을 하고 싶다는 뜻을 전하고 싶었다. 중국 선교에 대한 허드슨 테일러의 관심은 강박증에 가까울 정도였다. 아멜리아는 허드슨 테일러의 관심을 알고 있었지만, 한편으로는 걱정이 되었다. 중국에서는 태평천국 운동으로 외국인에 대한 약탈과 살상이 계속되고 있었다. 굳이 그러할 때 중국에 가는 것이 과연 현명한 일일까? 아멜리아는 어떻게 해서든지 오빠를 보호하고 싶었다.

만국박람회 관람을 끝내고 맞이한 첫 주일이 되었다. 허드슨 테일러와 아멜리아는 말이 끄는 버스를 타고 해크니로 가서 CES의 대표인 조지 피어스를 만났다. 이어서 두 사람은 토트넘에 있는 형제교회의 성만찬에 참여하였는데 집에서처럼 마음이 평안했다. 그곳에서 중국에서 온 독일인 선교사 빌헬름 롭샤이트를 만났다. 롭샤이트는 중국 선교사가 되려고 하는 허드슨을 크게 격려해주지 않았다. 롭샤이트는 선교사 지망생인 허드슨 테일러가 좋은 젊은이지만 선교사로서는 적합하지 않다고 평가했던 것이다. 아멜리아는 내심 안심이 되었다. 하지만 허드슨 테일러는 포기할 줄 모르는 사람이었다.

오빠와 남편

두 남매가 런던을 방문한 지 삼 년 후에 결국 허드슨 테일러는 배를 타고 중국으로 떠났다. 두 사람은 정기적으로 따뜻한 편지를 주고받았다. 멀리 떨어져 있었지만, 여전히 오빠는 동생의 행동과 결정을 일일이 간섭했고 동생도 중국에 와서 사역하기를 간절히 원했다. 하지만 이제는 아멜리아와 허드슨 사이에 벤저민이 있었다. 아멜리아와 벤저민의 관계가 점차 발전하자 아멜리아에 대한 오빠의 영향력은 점차 약해졌다. 허드슨 테일러는 그것을 느끼고 있었다.

남매지간이 워낙 가까웠기에 벤저민은 중국에 있는 허드슨에게 허락을 구하는 편지를 써야겠다고 아멜리아에게 말했다. 그 편지를 받은 후 1856년 4월 27일 허드슨 테일러는 산터우에서 아멜리아에게 이런 편지를 쓴다.

"벤저민이 바라는 것을 들어주었다. 네가 마음을 열었다니 내가 어떻게 거절하겠니? 하지만 벤저민으로 인해서 네가 중국 여성들을 위한 사역을 포기한 일은 유감이다. 여하튼 나는 아직 너희가 중국에 올 수 있을 거라는 희망을 버리지 않고 있다."

허드슨 테일러는 벤저민과 아멜리아의 약혼을 허락하면서 두 사람이 중국에 오기를 기대했다. 하지만 두 사람은 평생 단 한 번도 중국 땅을 밟지 않았다. 또 이 편지에 의하면 허드슨은 벤저민을 친구로서 사랑하였지만, 매제가 될 포목상 벤저민의 미래를 낙관하지 않았던 것 같다. 편지는 이렇게 이어진다.

"만일 벤저민이 중국에 올 생각이 없다면 어떤 계획을 세우고 있는 것일까? 자기 자본도 없이 사업한다면 쉽지 않을 텐데. 아멜리아, 네가 포목상 계산대를 지키고 있는 모습은 상상도 하기 싫어. 네가 결혼하면 어머니를 남겨둬야 하는 것도 마음이 쓰인다. 어머니에게는 네가 남은 유일한 위안인데!"

이 편지를 보내고 얼마 되지 않아서 허드슨 테일러는 마리아 다이어에게 청혼을 하였다. 정작 허드슨 테일러는 이 일에 관해 가족들에게 의사를 묻지도 않았다.

이것은 젊은 아멜리아가 벤저민 브룸홀의 아내가 되고 열 자녀의 어머니가 되기까지의 이야기이다. 필자가 아멜리아 이야기를 길게 하는 이유가 있다. 허드슨 테일러와 브룸홀 부부는 하나님의 일에 관한 한 완벽한 하나의 팀이 될 것이기 때문이다. 아멜리아가 벤저민 브룸홀의 아내가 된 후에 오빠 허드슨에 대한 충성심이 전과 같지는 않았다. 아멜리아는 이제 벤저민과 함께 하나님께 헌신하였다. 그리고 하나님께 헌신한 이 부부는 선교 역사에서 놀랍게 하나님의 쓰임을 받았던 한 사람을 복음의 후방에서 평생 도울 것이다.

선교 기지가 된 가정

신혼부부는 베이스워터의 웨스트본 그로브 63번가에 있는 집을 구매했다. 이 지역은 곧 런던의 외곽도시가 되었다. 아멜리아와 벤저민은 1859년부터 1871년까지 12년간 이 집에서 살았다. 이 집에서 거트루드, 허드슨, 에밀리, 매리 루이스, 마샬, 이디스, 앨리스, 일곱 자녀가 태어났다. 베이스워터는 대도시가 팽창된 지역 가운데 하나였으며 주택가는 버진 파크랜드였던 노팅힐 지역까지 확산하였다. 벤저민은 포목상 운영을 위해 베이스워터 로드를 지나 옥스퍼드 스트리트를 넘어서 뉴 본드 스트리트까지 걸어 다녔다. 나의 사촌인 앨리스 포레스트는 그 당시 벤저민과 아멜리아 가족의 생활을 다음과 같이 기록했다.

"브룸홀 가족은 주일마다 웨슬리 감리교회에서 예배를 드린 후에 이스트 엔드에 있는 선교센터에서 봉사활동도 했던 것으로 기억한다. 그 가족은 주일을 철저히 지키느라 교통수단을 이용하지 않고 무거운 성경책과 찬송가, 전도지, 길을 가다가 만날 병자나 술 취한 사람들을 위한 의약품을 메고 런던의 포장길을 따라 수 킬로미터씩 걸어 다녔다. 이러한 경험은 자녀들이 중국에서 선교사역을 하게 되었을 때 큰 도움이 되었다고 생각한다."

벤저민은 결혼하기 전부터 베이워터 지역에서 선교 활동을 하는 감리교회를 지속해서 도왔다. 벤저민은 1858년 12월 15일 아멜리아에게 보낸 편지에 이렇게 썼다.[1]

"토요일 저녁, 첫 이사회가 열릴 무렵에 교회 신관에 있는 윌리엄 아서 목사님 댁에서 차를 마셨어요. 펀션과 맥도날드, 버지트 등을 포함하여 약 20명이 참석했지요. 맥도날드가 굿펠로우의 간절한 요청이라며 주일 오후 성경공부반을 맡을 수 있겠느냐고 물어 보셨어요. 아서 목사님은 주저하지 말고 수락했으면 좋겠다고 하시고요. … 그래서 수락했어요. 펀션 박사님은 곧 조직이 완성될 것으로 보이는 BMS(Branch Mission-ary Society)의 총무로 나를 임명했다고 하셨어

[1] M. Broomhall, Heirs Togethero of the Graceof Life (London, Morgan & Son and CIM, 1915), pp. 56, 57.

요. 주일학교 협의회 회원으로도 지목이 되었어요. … 난 이미 이사이고 지도자이고 선교회 총무였어요. 당신도 알다시피 이제는 더욱 완전한 감리교파가 되었어요."

편지에 언급된 감리교회 목회자 W. 몰리 펀션과 법학자이자 목사인 윌리엄 아서는 벤저민과 매우 긴밀한 관계를 유지하며 사역을 했다. 몰리 펀션은 1858년에서 1861년까지 베이워터 교회에서 목회했다. 이미 벤저민 브룸홀은 열정적인 지역 설교자였는데 몰리 펀션 박사에게 많은 것을 배웠다. 몰리 펀션 박사는 풍부한 어휘를 구사했고 암기력이 뛰어나서 설교문에 의존하지 않고도 다양한 출처의 인용문을 제시할 수 있었다.

몸이 약하지만, 마음이 뜨거운 윌리엄 아서 목사는 영적인 면에서 벤저민에게 큰 영향을 끼쳤다. 그는 인도에 선교사로 일했으나 건강이 좋지 않아 영국으로 돌아와야 했다. 아서는 비록 현장에서 일할 수 없었지만, 고국에서 선교의 필요성을 고취하는 일을 열정적으로 수행했다. 아서는 벤저민에게 복음 전파의 긴박성, 금주운동의 필요성, 노예 제도와 싸우는 미국을 지원해야 할 당위성 등을 역설했다. 벤저민은 윌리엄 아서가 저술한 유명한 저서인 "불의 혀"에 도전을 받아 영적 삶이 크게 변화되었다. 벤저민은 그 책을 중국의 허드슨 테일러에게도 보내서 읽게 하였으나 그 영향에 대해서는 알려지지 않았다.

교회당이 벤저민 브룸홀의 집에서 모퉁이만 돌면 보이는 덴비 로드에 세워졌다. 그래서 벤저민이 주일 예배를 참석하고 선교와 관련된 많은 활동을 하기가 훨씬 수월해졌다. 얼마 지나지 않아서 베이스워터 모임은 워위크 가든과 클라렌스 플레이스, 켄살 타운, 스타치 그린에 있는 지부가 모인 협회로 발전했다. 베이스워터 모임의 회의

록에는 베이스워터 협회원이 360명, 주일학교 학생이 285명, 교사가 35명이라고 기록되어 있다. 이 기록은 또한 벤저민이 1867년 9월까지 덴비 로드 채플에서 열린 베이스워터 모임 회의에 정기적으로 참석했다는 사실을 보여준다. 그 당시 벤저민과 아멜리아는 W.G. 루이스 목사가 시무하는 웨스트본 그로브 침례교회의 교인이었다. 이는 담임 목사 루이스가 침례교 선교사 협회 잡지 편집인이며 협회 위원으로도 활동하고 있었고 중국선교에 큰 관심이 있었기 때문이었다. 브룸홀의 중국에 대한 관심은 더욱더 깊어져 갔다.

CIM의 태동

벤저민과 아멜리아가 베이스워터에 신혼살림을 차린 지 일 년 뒤에 깜짝 놀랄 일이 생겼다. 이웃들도 놀랐지만, 벤저민 부부가 놀란 이유는 다른 데 있었다. 1860년의 어느 이른 아침이었다. 키가 큰 중국인이 영국인 아기를 데리고 길을 걸어오고 있었다. 가방 두어 개를 든 영국 여인도 있었다. 뒤에는 중국 옷을 입은 키 작은 남자가 짐을 나르고 있었다. 몇 달간 동네 사람들은 이 수상한 낯선 인물들이 63번가를 오가는 광경을 놀란 표정으로 지켜보았다. 이들은 완벽하게 중국인 복장을 한 허드슨 테일러와 성경 번역을 돕는 중국인 왕래전과 부인 마리아와 16개월 된 아기 그레이스 일행이었다. 아멜리아는 허드슨의 아내가 된 마리아를 이때 처음 만났다. 아멜리아나 허드슨이나 각자 배우자가 생겼기 때문에 긴장감이 생길 법했으나 새로운 가족과 하나가 되어 서로 사랑하는 데는 많은 시간이 걸리지 않았다.

그 당시 허드슨 테일러는 어떠한 선교 단체에도 소속되어 있지 않았기에 의심스러운 눈초리를 받고 있었다. 허드슨은 영국에 있는 동안 할 일을 확실히 정해놓고 있었다. 성경 일부를 닝보 방언으로 번역하는 일, 닝보어 찬송가를 인쇄하는 일, 중국에 관한 글을 선교 잡지에 기고하는 일, 의학 공부를 마저 끝내고 자격증을 얻는 일, 무엇보다도 중국에 갈 지원자들을 모집하고 미래를 위해 기도하고 계획을 세우는 일이었다.

1865년 초에 허드슨 테일러는 "중국의 영적 필요와 요구"라는 책을 썼다. 이 책은 금방 베스트셀러가 되어 영국 그리스도인에게 많은 영향을 끼쳤다. 책에는 중국의 선교적 필요에 대한 극적인 통계가 여럿 실려 있었다. 예를 들어 '모든 중국인이 한 줄을 서 있다고 하자. 당신이 하루에 약 48km의 속도로 행진을 한다면 쉬지 않고 걷더라도 마지막 사람에 이를 때까지 약 17년 3개월이 걸릴 것이다.' 중국 제국의 엄청난 인구에 많은 그리스도인이 깊은 인상을 받았다. 모두가 다 주님의 잃은 양이 아닌가!

허드슨 테일러는 그해 6월에 휴식을 취하기 위해서 브라이튼에 갔다. 어느 주일 아침에 해변을 따라 걸으며 하나님께 24명의 동역자를 구했다. 며칠 후 런던 앤 카운티 은행에 가서 'CIM'(중국내지선교회)이라는 이름으로 계좌를 개설하고 10파운드를 입금했다. 당시에는 아무도 주목하지 않았던 작은 발걸음이었다. 하지만 이는 믿음으로 내딛는 첫걸음이었다. "시작이 미약하다고 비웃는 자가 누구냐?"(슥 4:10; 새번역)라는 말씀에 꼭 맞는 상황이었다.

일 년 후 중국 선교에 엄청난 도약이 있었다. 테일러는 자신의 가족뿐만 아니라 첫 선교동역자들을 상하이까지 실어줄 래머뮤어 호의 승선권을 예약했다. 래머뮤어 호는 철제 프레임에 3개의 가로 돛이 달린 최신 범선이었다. 1866년 5월 26일, 일행은 동인도 선창에서 출항했다. 선교사들의 안전을 기원하며 배웅하는 사람들 가운데 벤저민과 아멜리아 부부, 그리고 3살 난 아들 허드슨이 있었다. 어린 허드슨도 많은 사람과 함께 손을 열심히 흔들며 하나님이 선교사들을 지켜주시기를 기도했다. 어린 허드슨은 선교사들이 떠나는 장면을 잊을 수 없었다. 그로부터 18년 후 허드슨 브룸홀은 누나 거트루드와 함께 삼촌의 선교사역을 돕기 위해 배를 타게 된다.

하나님의 얼굴을 보다

일곱 번째 자녀 앨리스가 태어난 직후에 아멜리아는 평생 잊지 못할 환상을 체험했다. 아멜리아는 자서전에서 이렇게 회고했다.

"나는 그리스도의 놀라운 환상을 보았다. … 점차 선명하게 다가오는 얼굴이 있었다. 세상에! 순간적인 황홀감을 체험했다. 바로 나의 구세주셨다. 그분의 얼굴과 그때의 감동을 잊을 수 없다. 그때 일을 생각만 해도 눈물이 흐르고 마음이 따뜻해진다. 나는 그때의 경험을 반복하기를 때때로 기도했다. 그로 인해 나는 하나님의 나라를 생생하게 느낄 수 있게 되었다. 무엇보다도 죽음에 대한 두려움이 사라졌다."

아멜리아의 아들 마샬은 이렇게 말한다. '그 무렵 어머니는 주님이 마치 눈에 보이시는 것처럼 사셨다. 늘 함께 계시는 친구처럼 기도하며 대화했다.' 아멜리아의 '거룩한 사랑의 불꽃'은 강렬한 환상으로 인해 더욱더 활활 타올랐다.

1871년, 브룸홀 가족은 서리[2]에 있는 고덜밍으로 이사했다. 벤저민은 웨스트 엔드

2 서리(Surrey) : 잉글랜드 남동부의 주 — 역자 주

에 있는 사업체로 통근을 했다. 마샬은 후에 시골집에 대한 행복한 기억을 떠올렸다. '전나무가 있는 아름다운 정원 … 가정교사와 함께 한 오랜 산책 … 시골 예배당과 아픈 사람들에게 주일마다 따끈한 음식을 가져다주던 일.' 벤저민은 지역 감리교회에서 다시 열심히 활동하기 시작했다.

    몇 년 동안은 포목 사업에서 꽤 이윤이 났다. 그런데 어느 순간부터 적자가 나기 시작했다. 동업 관계가 깨지고 파산 관리인을 불러야만 했다. 대가족을 부양하며 큰 집을 유지하기가 쉽지 않았다. 그때부터 벤저민은 사무실을 포기하고 고덜밍 집에서 사업을 했다. 그런데 이곳에서 삶에 큰 변화가 생겼다. 시련 속에서 하나님을 위한 봉사의 새로운 문이 열렸다. 포목 사업보다 벤저민과 아멜리아가 훨씬 더 큰 성취감을 맛볼 수 있는 일이었다.

07 평생 소명

어린 시절에 하나님의 부르심을 받는 사람도 있다. 이들의 경우는 삶의 모든 행보가 하나님이 주신 비전을 향해 집약된다. 그러나 나이가 들어 신성한 소명을 발견하는 사람도 있다. 구세군의 창시자 윌리엄 부스도 그런 경우였다. 부르심을 받을 때 윌리엄 부스는 36세의 감리교회 목회자이며 여섯 아이의 아버지였다. 늦은 밤에 윌리엄 부스는 이스트 런던 길을 따라 집을 향해 걸어가고 있었다. 갑자기 윌리엄 부스의 눈에 불꽃이 일고 발걸음이 가벼워졌다. 윌리엄 부스는 쏜살같이 집으로 뛰어 들어가서 아내 캐서린에게 인사말도 없이 충격적인 선언을 했다. '여보, 드디어 내 소명을 깨달았소.' 그때 윌리엄 부스의 마음속에 구세군이 탄생했다. 주린 사람을 먹이고 영혼을 구원하는 일에 크게 쓰임을 받은 전 세계적인 프로그램이 중년이 되어가던 남자로 인해 시작되었다. 벤저민 브룸홀은 부스보다 더 늦은 46세 때가 돼서야 새로운 부르심을 받았다. 이 부르심은 허드슨 테일러와 관련이 있었다.

자빠진 놈 꼭뒤 차기

    1875년의 어느 화창한 봄날이었다. 벤저민과 아멜리아는 푸른 숲이 우거진 고딜밍의 아늑한 집에서 일하고 있었다. 이곳에서 브룸홀 가족은 4년간 행복한 시간을 보냈다. 노엘과 애니 마리, 지금 막 두 달 된 벤저민이 태어나 자녀가 모두 10명이 되었다. 당시에 흔하게 볼 수 있던 대가족이었다. 벤저민은 책상 앞에 앉아있었고, 아멜리아는 부엌에서 분주하게 일하고 있었다. 브룸홀 가족의 사랑을 듬뿍 받는 가정교사 윌킨 양이 큰아이들을 가르치고 있었다. 아름다운 5월이었다. 아이들은 오후 시간을 기다렸다. 공부를 마치면 시골길을 따라 걸으며 꽃을 따기도 하고 나무 뒤에 숨으며 숨바꼭질을 할 수 있었기 때문이다.

    그때 낯익은 노크 소리가 들렸다. 아멜리아는 오빠일 거라고 짐작하고 문으로 뛰어갔다. 허드슨 테일러의 얼굴은 핼쑥했고 어깨는 스트레스로 경직되어 있었다. 아멜리아는 오빠가 몇 주 동안 병상에 있었던 일을 알고 있었다. 오빠는 침대에 누워서도 중대한 결정을 내리고 선교사 후보생들의 면접을 강행해야 했다. 너무 과중한 일이 건강에 문제를 일으키고 있었다. 그 무렵 CIM은 창립 9년 차에 접어들고 있었다.

    벤저민과 아멜리아와 허드슨 테일러는 갓 구운 번을 곁들여 차를 마셨다. 긴히 상의할 일이 있어서 찾아온 것이 분명했다. 허드슨 테일러의 옷 주머니에는 벤저민이 2주 전에 보낸 편지가 들어있었다. 편지에는 사업상의 고충과 뉴 본드 스트리트 상점 수입이 거의 없어져 한창 자라나는 열 명의 아이를 부양하기가 버겁다는 내용이 담겨 있었다. 허드슨이 무겁게 입을 열었다. 하지만 그 말은 벤저민 부부에게는 너무나 오랫동안 들어왔던 압박일 뿐이었다. 그렇지 않아도 재정적인 어려움에 빠져 있던 벤저민에게 허드슨 테일러의 제안은 '자빠진 놈 꼭뒤 차기' 격이었다. 벤저민은 허드슨의 눈을 피해 창문 밖 너른 들판을 바라보았다.

현장 선교사가 아니더라도

"중국 사역이 급격하게 커지고 있습니다. 그런데 제대로 일하는 사역자는 얼마 되지 않아요. 몇몇은 선교에 적합지 않는 사람으로 밝혀졌어요. 매부가 보내신 편지를 보면 사업이 잘 안되는 것 같은데 이번 기회에 둘 다 중국에 와서 사역을 도우면 어떨까요! 이 중요한 시기에 두 사람이 꼭 필요합니다!"

아멜리아도 간절한 눈빛으로 남편을 바라보았다. 아멜리아는 헌신하라는 요구에는 늘 마음이 약해졌다. 벤저민과 결혼하기 전이라면 벌써 혼자 중국에 갔겠지만, 벤저민은 매번 단호하게 거절했다. 허드슨 테일러는 20년 동안이나 두 사람을 압박했지만, 벤저민은 1856년에 내린 결정을 번복하려 하지 않았다.

20년 전에 벤저민은 신뢰하는 친구에게 자문한 적이 있다. 항상 벤저민에게 소중한 충고를 해주던 친구였다. 벤저민은 자신이 선교 현장에 적합한지 아닌지 솔직한 답을 구했다. 그 친구는 벤저민의 질문에 대해 단호하게 답했다. '너에겐 독특한 능력이 있어. 너는 선교 현장이 아니라 홍보 관련 일을 해야 해.' 그것으로 충분했다. 선교사는 아니었다. 다만 친구가 단언한 대로 벤저민에게 적합하다는 홍보 일을 할 기회가 언제 올지는 알 수가 없었다.

벤저민은 다시 한번 단호하게 허드슨 테일러의 제안을 거절했다. 동업 관계가 깨지면서 벤저민이 경제적으로 힘들어진 것은 사실이지만 오랫동안 기도하고 내린 결정을 번복할 수는 없었다. 아멜리아는 계속해서 두 사람의 찻잔을 가득 채웠다. 벤저민의 마음은 확고한 것 같았다. 허드슨 테일러가 어떠한 새로운 제안을 하더라도 헛수고라는 표정이 역력했다. 허드슨 테일러도 물러설 기색이 없었다. 허드슨 테일러는 현장 선교사가 아닌 다른 제안을 내놓았다. 어떤 식으로든 허드슨 테일러에게는 조력자가 필요했다.

3년 전에 윌리엄 버거가 은퇴하고 자원봉사자들이 CIM 런던 사무실을 운영하고부터 제대로 업무가 이루어지지 않았다. 구체적인 업무 분담이 이루어지지 않아서 벤저민이 가진 능력 같은 것이 절실했다. 만약 벤저민이 허드슨 테일러의 제안을 거절한다면 한창 성장하는 CIM의 선교 사역이 곤경에 처할 터였다. 특히 중국의 선교 정보를 국내의 교회와 후원자에게 전달할 잡지가 필요했다. 허드슨 테일러는 늘 돌아다녀야 했기 때문에 비정기 소식지만 발행할 수 있었다. CIM 10주년에는 정기 간행물 "차이나 밀리언즈"를 발간할 계획이었다. 허드슨 테일러는 창립자로서 주요 기사를 써야 하겠지만 현장 선교사들의 편지와 보고서를 발췌하고 자료를 정리하고 초안을 검수하고 배포까지 책임질 누군가가 필요했다. 벤저민이야말로 이 일의 적임자였다.

허드슨은 벤저민이 꿈쩍도 안 하자 동생을 설득하기 시작했다. 선교 미션 홈에 음식을 제공하고 제대로 돌아가게 하려면 어머니 역할을 할 사람이 필요하다. 잠시 귀국한 선교사나 장거리 여행을 준비하는 선교 지원자, 향수병에 시달리는 여성 선교 지원자를 돌볼 사람이 필요하다. 미션 홈에는 줄을 잇는 방문객을 맞을 안주인이 필요하다. 주님을 위해 그런 일을 잘할 수 있는 사람은 아멜리아가 아니면 누구인가!

다시 벤저민 차례였다. 허드슨은 열변을 토했다. 선교사의 보고를 듣고 싶어 하는 교회가 많다. 안식을 위해 귀국한 선교사들이 보고회를 가질 수 있도록 주선할 사람이 필요하다. 목사와 교회 지도자들을 상대할 노련한 사람이 필요하다. 젊은 남녀가 먼 중국으로 가는 일은 많은 문제를 야기한다. 선교사들의 가정에 생긴 문제를 해결할 사람이 필요하다. 또 집회와 강연을 통해 선교사역의 중요성을 고취하는 일도 필요하다.

소명과 현실

허드슨 테일러의 말을 들으면서 벤저민은 자문했다. 혹시 전에 그 친구가 단언했던 말이 생각났다. "너에겐 독특한 능력이 있어. 너는 현장에서가 아니라 홍보 관련 일을 해야 해." 허드슨이 말하는 이 모든 일이 홍보와 관련된 일이 아닌가? 행정, 출판, 기독교 대중을 상대로 한 홍보, 지원자 선정 등이 바로 그 친구가 했던 말이 아닌가? 이 모든 일이 나의 재능과 맞는 일이 아닌가!

벤저민은 창밖을 바라보던 눈길을 거두고 아멜리아를 바라보았다. 아멜리아의 간절한 눈길은 계속해서 벤저민을 향하고 있었다. 두 사람의 눈길은 다시 열변을 토하는 허드슨 테일러를 향했다. 허드슨의 제안을 받아들인다면 정들었던 고덜밍의 집을 떠나야 했다. 과연 선교사 급여로 열 명의 자녀를 양육할 수 있을까! 소명과 현실이 늘 일치하는 것은 아니었다. 소명을 따라야 하지만 하나님이 해결해주셔야 할 문제도 있는 법이다. 벤저민과 아멜리아에게 실제적인 문제가 중요하다는 사실을 허드슨 테일러는 잘 알고 있었다. 허드슨 테일러는 동생 부부에게 파격적인 제안을 했다. 파이랜드에 거주할 수 있는 집과 고정 수입을 보장했다. 보는 시각에 따라서 친인척에게 지나친 편의를 제공한다고 비난할 수도 있는 일이었다. 당시 CIM 규정에서 찾아볼 수 없었던 제안이기도 했다.

벤저민 부부에게 더는 거부할 명분이 없었다. 하나님의 인도하심에는 빈틈이 없었다. 벤저민과 아멜리아는 허드슨 테일러와 머리를 맞대고 향후 급격한 변화를 겪을 삶의 전반적인 부분을 꼼꼼하게 검토했다. 벤저민과 아멜리아가 질문하면 허드슨 테일러는 신중하면서도 솔직하게 답변을 했다. 어린아이들이 보채는 소리가 들렸다. 세 사람은 함께 무릎을 꿇고 기도하기 시작했다. 이 모든 일은 벤저민과 허드슨 사이의 거래가 아니었다. 거룩한 하나님의 부르심과 관련된 일이었다.

허드슨 테일러는 더욱 열정적으로 기도했다. 오랫동안 동생 부부의 헌신을 위해 기도했던 일이 이제 이루어지는 순간이었다. 브룸홀 부부의 평생 경험이 하나님의 위대한 일에 쓰임 받기 시작한 결정적 순간이기도 했다. 그때 벤저민의 나이는 46세, 아멜리아는 42세였다.

08 하나님의 적재적소

벤저민과 아멜리아가 북런던의 파이랜드 로드에 있는 CIM 본부에 갔다. 그로 인해 많은 변화가 뒤따랐다. 무엇보다도 행복했던 대가족에 변화가 왔다. 서리의 고덜밍의 크고 아담한 집에서 노엘과 애니마리, 벤저민이 태어났다. 4년 동안 행복했던 대가족은 이제 그곳을 떠나 더 큰 선교 가족의 일원이 되었다. 아이들이 사랑하던 윌킨스 양과도 헤어졌다. 아이들은 더는 윌킨스 양과 함께 숲길을 걸을 수 없었다. 이러한 변화뿐만 아니었다. 소명을 따르는 길은 크나큰 변화를 요구했다. 쉽지 않은 일이었지만 말할 수 없는 기쁨도 있었다.

대가족의 어머니

아멜리아는 더는 열 자녀만의 엄마가 아니었다. 계속 모여드는 선교지원자들의 어머니 역할도 해야 했기 때문이었다. 특히 집을 떠나 낯선 미지의 땅으로 가게 될 젊은 여성들에게 세심한 도움이 필요했다. 그뿐 아니라 선교 보고회를 주선하기 위해 전국 곳곳을 누비는 벤저민을 도와야 했다. 벤저민은 늘 늑장을 부리다가 집을 나서는 바람에 기차가 출발하기 직전에 타는 일이 잦았다. 그때마다 아멜리아는 제발 서두르라고 닦달을 했다.

"벤저민, 지금 나가지 않으면 기차 놓칠 거에요!"

아멜리아의 재촉하는 음성이 집안에 자주 울려 퍼졌다.

아멜리아는 선교본부의 직원들을 감독하고 선교 정보를 얻기 위해 찾아오는 많은 방문객을 맞이했다. 또한, 막 도착한 새로운 선교지원자들을 따뜻하게 맞이하고 편히 쉴 수 있도록 도왔다. 효율적인 팀워크가 금방 형성되었다. 아멜리아는 새로 도착한 청년들이 런던 선교지부의 인정을 받을 때까지 관리했다. 그다음에는 헨리에타 졸타우가 인근 훈련센터로 데리고 가서 필요한 교육을 받게 했다.

선교지원자들의 수가 늘어나자 식당도 더욱더 북적였다. 거트루드, 허드슨, 에밀리는 이따금 식당 주방에서 선 채 식사할 수밖에 없었다. 마샬은 후에 이렇게 회상했다.

"사생활 일부가 사라졌어요. 어린 우리에게 항상 달가운 일은 아니었습니다. 하지만 그로 인한 축복이 훨씬 더 컸어요."

갓 도착한 선교지원자들은 브룸홀 가정의 아이들을 예뻐하면서 함께 놀아주었다. 아멜리아는 과중한 업무가 있음에도 불구하고 열 명의 아이들에게 소홀하지 않겠다고 다짐했다. 아멜리아는 큰아이들에게는 꾸준히 공부를 지도했고 노엘, 애니마리, 벤저민과 같은 3살 미만의 아이들에게도 지속해서 특별한 사랑과 관심을 쏟았다.

아멜리아가 파이랜드로 온 지 3년도 채 안 되어 선교회 '가족'은 더 늘어났다. 아멜리아는 허드슨 테일러의 간청에도 불구하고 중국에 가지 못한 일에 대해 늘 죄책감을 느꼈다. 만회할 기회가 왔다. 영국에서 자녀를 돌보던 제니 테일러[1]가 중국으로 돌아가 남편 사역에 동참하고 싶어 했기 때문이다. 아멜리아는 보통 사람이라면 쉽지 않을 제안을 했다.

"만일 언니가 중국으로 부르심을 받았다면 나는 언니의 아이들을 돌보도록 부르심을 받은 셈이에요."

아멜리아가 돌볼 아이들이 열 명에서 갑자기 열일곱 명으로 늘어났다. 사촌지간인 두 집 아이들을 모아놓으니 나름 행복한 조합이 이루어졌다. 거트루드 브룸홀과 허버트 테일러가 같은 나이였고, 허드슨 브룸홀과 하워드 테일러도 같은 나이였으며 마샬과 이디스 브룸홀 그리고 마리아 테일러, 또 앨리스 브룸홀과 찰스 테일러는 비슷한 또래였다. 벤저민 브룸홀과 어니스트 테일러가 비슷한 나이였고, 에이미 테일러는 한 살 어렸다. 두 살 된 에이미는 백일해를 앓고 있었기에 특별한 관심이 필요했다. 마샬은 훗날 이렇게 회상했다.

"사촌들이 우리와 함께 살기 시작하면서 더욱 행복하고 떠들썩한 가족이 되었어요."

돌볼 가족이 많이 늘어났는데도 아멜리아는 어떻게 해서든지 시간을 쪼개서 아이들과 개인적으로 기도했다. 후에 아멜리아가 저술한 소책자에서 이렇게 설명했다.

"나는 아이들을 한 명씩 내 방으로 데리고 가서 전심으로 주께 기도하곤 했다."

아멜리아는 때로는 아이에게 한 실수나 함부로 대한 일에 대해 회개했고 아이들의 교육에 필요하다고 생각되는 것을 기도로 주께 말씀드렸다. 어찌 보면 아멜리아는 기도라는 방법을 사용하여 아이들을 훈육한 것일 수도 있다. 아멜리아

[1] 마리아 테일러는 1870년 소천했고, 허드슨 테일러는 1871년 제니 폴딩(Jennie Faulding)과 재혼했다

는 감리교 예배방식에 따라 자기 침실에서 아이들과 간소한 예배를 드렸다. 그 무렵 출판된 생키의 찬송가를 부르면서 엄숙하게 성만찬을 진행하기도 했다. 아이들은 빵을 떼면서 이렇게 말했다.

"저를 위해 죽으신 그리스도를 기억하면서 이 떡을 먹습니다. 감사합니다."

포도주도 함께 마셨다. 예배는 항상 다음의 기도도 마무리되었다.

"하나님, 아빠가 버밍햄에서 설교하실 때 축복해주세요. 멀리 중국에 계시는 허드슨 외삼촌과 제니 외숙모를 축복하시고 보호해주세요."

CIM의 황금기

1875년에 런던으로 이사하고 브룸홀 가족만 변화를 겪은 것은 아니었다. CIM도 새로운 국면을 맞이했다는 사실을 CIM 역사를 통해 알 수 있다. 선교 단체가 창설되고 이른바 '래머뮤어 팀'[2]을 파송한 지 불과 9년 만에 성과는 지지부진해졌다. 중국에 있는 사역자들은 문화충격, 긴장 관계와 외로움, 질병 등으로 인해 의기소침해 있었다. 파이랜드 로드에 있는 CIM의 업무처리도 더디고 비효율적이었다. 자원봉사자들이 행정적인 측면에서 최선을 다했지만 다른 부서의 업무와 중첩되거나 혼선을 빚음으로써 미완성 과제들이 쌓여 있었다.

CIM에 대한 대중의 인식은 형편없었다. 중국 옷을 입고 변발을 해야 한다는 창립자가 만든 규정을 언급하면서 CIM을 '변발 선교회'로 부르는 사람도 있었다. 어떤 사람들은 CIM 선교사들이 중국 전역을 무모하게 돌아다닌다면서 CIM을 'Constantly In Mo-

[2] 래머뮤어호를 타고 떠났던 초기 선교지원자들을 지칭함 — 역자 주

tion'(계속 움직이다)이라고 놀리기도 했다. 영국 상원에서 어떤 연사는 '허드슨 테일러는 치료가 불가능한 바보이며 CIM 선교사들은 신참병과 같다'라고 말했다. 하지만 벤저민이 사역에 동참하면서 대중의 평가가 달라지기 시작했다. 몇 년 후에 한 후원자는 이렇게 말했다.

"우리는 비로소 모욕과 조롱에서 벗어나기 시작했어요. 벤저민의 지혜와 노력으로 무지에서 비롯된 오해들은 거의 사라졌습니다."

벤저민은 선천적으로 사교적이고 홍보 일에 능했다. 외모도 말쑥하고 언변도 뛰어나 런던 상류층과도 잘 어울렸다. 뉴본드 스트리트에서 포목상을 운영하고 반노예제도 협회에서 일하면서 많은 인맥을 쌓았다. 벤저민은 자신이 높은 직위의 사람들과 그 가족들에게 선교를 고취할 수 있는 능력이 있다는 사실을 입증했다. 높은 직위를 가진 사람들 집에서 자주 조찬회를 열었고 영향력 있는 사람들에게 직접 손으로 쓴 편지를 보냈다.

허드슨은 토트넘 대집회와 같은 기독 형제단 운동을 통해 훌륭하고 헌신적인 그리스도인과 많이 만났다. 영국국교회와 감리교회에 뿌리를 둔 벤저민은 주류교단의 소식지를 읽고 교회에서 선교 보고회를 주선하고 선교지원자들을 모집하면서 CIM을 교회의 중심으로 이끌었다. 자리가 꽉 찬 엑스터 홀에서 연설하기도 했다. 연설 내용에 벤저민의 연합 정신이 잘 드러나 있다.

"CIM은 중국에서 선교하는 모든 선교단체와 뜻을 같이합니다. 웨슬리의 말을 빌리자면 우리는 모두의 친구이며, 누구의 적도 아닙니다."

벤저민은 많은 지역교회 목사들과는 물론 주교, 장로회 의장, 또 이들 교회의 대표들과도 친분을 쌓았다. 그 가운데는 핸들리 몰 목사, 케임브리지 리들리 홀의 의장, 더럼의 주교, CMS의 유진 스톡, 리젠트 파크 채플의 침례교 목회자 F. B. 메이어 목사, YMCA의 조지 윌리엄스 등이 있었다. 벤저민은 천성적으로 중재자의 자질과 외향적인 성격을 가지고 있었다. 그래서 많은 그리스도인에게 중국 복음화의 명확한 청사진을 제시할 수 있었다. 거기에는 중국 복음화 전략뿐만 아니라 위기에 대한 대처방안도 담겨 있었다. 벤저민은 CIM 총무로 재직한 20년간 지칠 줄 모르는 열정을 쏟아부었다. 그 시기가 CIM의 황금기였다.

벤저민과 아멜리아는 분명한 하나님의 섭리로 최적의 시기에 CIM에 합류했다. 벤저민의 손자인 선교역사가 A. J. 브룸홀 박사는 이렇게 말했다. '(벤저민과 아멜리아가 CIM에 합류한) 1875년은 중국 선교의 흐름이 바뀌는 시점이었다 …1875년이 시작되면서 개신교 선교사 숫자가 많이 늘어났다.' 1859년 웨일스 부흥의 여파는 1875년까지 이어져 모든 선교 단체에 점점 더 많은 선교지원자가 몰려들기 시작했다.

벤저민이 가진 많은 능력에도 불구하고 처음 시작했던 사업은 실패했다. 이른바 예산과 현금 흐름이라고 하는 것을 잘 파악하지 못했기 때문이었다. 이전에 사업을 하면서 마감일을 잘 지키지 못한 것으로도 유명했다. 허드슨 테일러는 벤저민의 약점을 알고 있으면서도 런던으로 불러들였다. 허드슨 테일러의 믿음의 선택이 정확했다는 사실은 후에 입증되었다. 정하신 때에 정하신 곳에 벤저민이 서 있었고 벤저민은 하나님의 부르심에 충성으로 응답했다.

09 행동하는 그리스도인

많은 교단이 새로운 선교사들을 새로운 선교 현장으로 파송하기 시작했다. 아프리카와 인도에 새로운 사역자를 대거 파송한 교회선교회(Church Missionary Society)가 한 예이다. 그 당시 중국에는 여러 선교 단체에서 파송한 선교사 수가 총 436명이었다. 그러나 사임을 하거나, 건강상의 문제, 또는 질병으로 인한 사망 등으로 많은 변수가 있었다. CIM에는 총 38명의 선교사가 있었고, 그 가운데 12명은 중국의 위험한 상황에서 잠시 벗어나 누적된 피로에서 회복하기 위해 영국에 머물고 있었다. 전쟁에는 사망자와 부상자가 생기게 마련이다. 선교지도 마찬가지였으며, 치열한 영적 전쟁을 수행하기 위해서는 끊임 없는 병력 공급이 필요했다.

조찬 모임 전략

벤저민은 새로운 과제가 주어지자 즉시 행동으로 옮겼다. 지난

20년간 교회에서 구축해온 많은 인맥을 이용하여 전국의 크고 작은 교회들을 다니며 홍보를 시작했다. 휴가 중인 선교사들과 함께 집회 장소로 가서 선교사에 대한 소개가 끝나자마자 얼른 인근 지역교회로 가서 다음 집회를 주선했다. 그리고 선교사의 보고 집회가 끝나기 전에 먼저 되돌아오곤 했다. 일단 한 지역을 방문하면, 그 일대의 여러 교단의 교회를 방문하여 CIM의 소식을 널리 알리는 것이 그의 전략이었다.

파이랜드 로드 선교본부에서 업무를 처리할 때, 벤저민은 후원금의 액수와 관계없이 모든 내역을 세밀하게 확인했다. 그리고 특유의 달필로 기록을 한 후 계산원이며 회계사인 윌리엄 졸타우에게 넘겼다. 마샬의 말에 따르면 그의 부친은 큼직한 '레츠 다이어리'를 늘 지니고 있었는데, 그 안에는 후원자들이 보낸 편지에서 발췌한 내용도 담겨 있었다고 한다. 후원금의 액수는 4펜스에서 1실링까지 다양했다. 편지글 중에는 과부와 어린아이, 또 공장근로자들로부터 온 것도 있었다. T. A. 데니의 웨스트 앤드에서 사적인 조찬모임이 있을 때의 일이다. 8명의 참석자 앞에서 벤저민은 깊이 감동한 편지가 있다며 주머니에서 편지를 꺼내 들었다. 벤저민이 소개한 편지 내용을 들은 모든 사람이 그 자리에서 기부금을 냈다. 스코틀랜드의 한 가난한 과부로부터 온 편지였다. '저는 고기가 없어도 살 수 있지만, 저 이방인들은 복음이 없으면 살 수가 없습니다.' 조찬 모임의 호스트는 자신이 그동안 하나님의 일을 위해 드렸던 것이 편지를 보낸 과부가 드린 것에 비하면 '새 발의 피'라면서 중국에서의 선교사역을 위해 50파운드를 기부했다. 다른 참석자들도 비슷한 액수를 기부해서 그 자리에서 금방 2,500파운드가 모금되었다.

소수 정예

벤저민과 아멜리아가 CIM에 합류하자마자 선교지원자들이 밀물처럼 몰려들었다. 수많은 신참을 관리하기 위해서 견실한 행정기반이 필요했다. 그래서 벤저민 부부는 밀려드는 지원자들을 관리하기 위한 전략을 세웠다. 만일 이 전략이 없었더라면 그다음 몇 년 동안의 선교업무는 엉망진창이 되었을 것이다.

1875년에 허드슨 테일러로부터 연락이 왔다. '18명의 새로운 사역자'를 위해 기도도 많이 하고 자문도 구했다는 내용이었다. 허드슨은 '래머뮤어 팀'이 경험했던 문제들을 분석해보았다고 했다. 그 결과 선교지원자들은 먼저 기본적인 교육을 받아야 하며, 모든 계층의 사람들과 허물없이 어울릴 수 있어야 한다는 결론에 도달했다는 것이다. CIM은 창립 후 10년 동안 저장성, 장쑤성, 안후이성 세 곳에서만 사역을 해왔다. 허드슨 테일러는 다른 9개 지역에도 침투하려면 한 지역에 두 명씩, 모두 '18명'이 필요하다고 판단했다. 또 현장에 있는 일부 사역자들은 선교사역에 매우 부적합할 뿐 아니라 '부르심'에 대한 책임 의식도 없다고 했다. 먹여야 할 사람 수는 늘어났지만, 현장을 두루 다니며 사역할 사람은 줄고 있었다. 일꾼의 수보다는 일꾼의 질이 더 중요하다는 사실이 점점 더 명백해졌다.

이러한 요청으로 인해 벤저민과 아멜리아가 추가로 해야 할 일들이 늘어났다. 예를 들면 선교지원자들과 연락을 하고, 그들의 모교회를 방문하고, 면담 일정을 정하고, 숙소를 마련해주는 일이었다. 허드슨이 요구한 '18명'을 선정하기까지 무려 60명 이상의 지원자들과 면담을 해야 했다. 선정된 지원자들은 오직 그리스도의 부르심에 응하여 아직은 알 수 없는 위대한 사역을 향해 나아갔다. 벤저민과 아멜리아가 선정한 새로운 일꾼들은 새로운 지역을 개척하고 효율적으로 복음을 전함으로써 선한 일꾼임을 입증하였다.

칠십 인 중에는...

그러나 이것은 시작에 불과했다. 연이어 더 많은 지원자가 몰려들었기 때문이다. 허드슨 테일러의 비전은 중국의 모든 지역이 복음화되고, 지역마다 탄탄한 지역교회가 세워지는 것이었다. 이 비전을 위해 더 많은 사역자가 필요했다.

1881년. 허드슨은 우한에 있었다. 그는 A. G. 패럿과 함께 마을 외곽의 언덕을 걸으면서 앞으로의 사역과 그 규모와 필요한 선교사들의 수에 대해 논의했다. 그 무렵 CIM 소속 선교사는 96명이었다. 허드슨은 패럿에게 누가복음 1장 1절을 인용했다. '그 후에 주께서 따로 칠십 인을 세우사….' 허드슨은 70명이라는 숫자가 너무 과하지 않은지 패럿에게 물었다. 두 사람은 집으로 돌아와서 선교사가 필요한 마을과 필요한 선교사 수를 목록으로 작성했다. 그 결과 70명은 결코 많은 수가 아니라는 결론을 내렸다. 몇 명이 모여 기도하기 시작했다. 그리고 허드슨은 벤저민에게 전보를 쳤다. '남성 42명과 여성 28명을 모아서 보낼 것.'

CIM의 총무 벤저민은 허드슨의 지시사항에 놀랐다. 이것은 곧 이미 꽉 짜인 일정에도 불구하고 별도로 해야 할 일이 많아졌음을 의미했다. 벤저민은 자신을 돕는 J. E. 카드웰과 함께 편지를 보내고, 지원자들과 면담을 하고, 그들을 훈련하고, 숙소를 마련하고, 파송하는 일을 해야 했다. '칠십인'이 필요하다는 소식이 전해지자마자 즉시 지원자들이 모여들기 시작했다.

22세가 된 딸 거트루드와 증권거래소에서 일하던 21세의 아들 허드슨도 호소문에 감동하여 선교지원자로서 벤저민의 사무실 문을 노크했다. 선교사 지원자 중에서 두 자녀를 보았을 때 벤저민이 얼마나 놀랐을지 상상해보라! 벤저민의 자녀들은 선교 기도 모임에 참석하여 중국에서 돌아온 선교사들의 말을 들어왔다. 그러나 거트루드와 허드슨이 어린 나이에 그러한 결정을 했다는 것은 전혀 예상 밖이었다.

아멜리아는 아이들에 대한 자긍심과 안쓰러움이 뒤섞여 복잡한 심경이었다. 파이랜드 로드로 이사를 한 이후 아이들은 강력한 선교 분위기에서 양육되었다. 그들은 가족 기도회에서 어머니 아멜리아가 가르쳐 준 대로 먼 중국에 있는 사역자들을 위해 기도했다. 청소년기의 거트루드와 허드슨은 중국 내지의 위험한 상황들을 익히 잘 알고 있었다. 그런데도 그들은 위험을 무릅쓰기로 하였다. 아직 어린 나이지만 이미 다 자란 자녀의 결정이었다. 아멜리아는 마음의 무거운 짐을 주님 발 앞에 내려놓을 수밖에 없었다.

1883년 3월, 허드슨 테일러가 런던에 도착했다. 허드슨은 몇 주 동안 국내를 돌아보면서 선교에 대한 그리스도인의 달라진 인식과 CIM의 원활한 행정에 대해 안도감과 만족감을 느꼈다. 벤저민의 열정적이고 헌신적인 사역이 열매를 맺고 있었다. 벤저민은 기뻐하는 처형 허드슨 테일러에게 선교 보고를 해야 할 교회와 단체 명단을 넘겨주었다. 그럴 때면 허드슨 테일러는 부담감을 가질 수밖에 없었다. 하지만 허드슨이 집회를 마치고 돌아올 땐 선교사역을 위한 풍성한 기부금을 받아왔다. 재력이 있는 개인 저택에서 모임을 할 때는 참석자들이 보석, 시계, 반지 등을 건네주기도 했다.

1884년 9월 24일, 드디어 장녀 거트루드와 장남 허드슨이 중국을 향해 출발했다. 아멜리아는 눈이 퉁퉁 부은 채 무거운 마음으로 파이랜드의 사무실에서 일을 시작했다. 식단을 짜고, 직원들을 관리하는 일을 하면서 휴식을 취할 때마다 침실로 가서 무거운 마음을 주께 털어놓았다. 그리고 주께서 그녀의 짐을 사뿐 들어 올리시면, 평화로운 마음으로 다시 일터로 돌아왔다. 두 젊은이가 출발하고 몇 주가 지난 후에 '칠십인' 선교지원자 모집이 성공리에 마무리되었다. 사실 칠십 인이 넘었다. 지원자들은 훈련을 마치고 여러 그룹으로 나뉘어 파송되었다. 이 일을 통해 허드슨 테일러의 믿음이 다시 한번 입증되었다.

준비된 100명

끊임없이 밀려오는 파도처럼, 처음엔 '열여덟 명'이었으나 그다음엔 '칠십 명'이 되었다. 그다음엔 '케임브리지 세븐'이 등장했다. 자리를 꽉 메운 집회와 열정적인 언론 보도, 그리고 영국의 교회와 대학을 휩쓴 이들의 배경에 대해서는 10장에서 별도로 설명할 것이다. 교육을 제대로 받지 못한 지원자들을 모아들인다며 오랫동안 비난받아왔던 CIM은 복음의 열정에 불타는 일곱 명의 젊은이로 인해 갑자기 명성을 얻게 되었다. 열광하는 군중들을 향해 이들이 중국선교를 위해 하나님의 부르심을 받았다고 말할 때마다 나라 전체가 들썩였다.

전국을 떠들썩하게 만든 수개월 간의 집회 기간은 벤저민의 생애에서 가장 신났고 보람찬 시기였다. 이 집회를 통해 벤저민의 천재적인 조직력과 홍보에 대한 탁월한 감각이 드러났다. 전국적인 집회를 계기로 선교지원자들이 봇물이 터지듯 하였다. 그 가운데 다수가 대학 졸업자들이었다. 이들은 무엇보다 먼저 어려운 중국어를 습득하여 중국제국의 학자층과 지도자들에게 그리스도를 전하는 일을 해야 했다.

케임브리지 세븐의 큰 영향으로 70인의 선교사가 출발한 지 18개월 후에 벤저민은 중국에 있는 허드슨 테일러로부터 전보를 받았다. '합심하여 기도. 내년에는 새로운 사역자 100명 파송, 가능한 한 빨리.' 벤저민은 전보를 받자마자 회신을 했다. '100명이 되기를. 이들이 제대로 준비된 100명이면 더 기쁠 것이다.' 이 말 속에는 경계와 협력의 마음이 모두 담겨 있었다.

이어서 상하이로부터 허드슨 테일러가 영국으로 출발했다는 전보가 왔다. 그 시대에 영국까지 오는 여정이 얼마나 힘든지 현대인들은 짐작도 못 할 것이다. 그러나 CIM의 창립자는 목표로 한 선교지원자를 얻기 위해 힘든 일을 꺼리지 않았다. 벤저민은 전보를 받자마자 많은 수의 선교지원자를 모집하는데 필요한 작업에 돌입했다. 1887년 초, 허드슨이 도착했을 때도 벤저민은 허드슨에게 수많은 교회와 기타 집회의 꽉 짜인 일정표를 건네주었다.

허드슨은 가는 곳마다 더 많은 사역자가 필요하다고 호소했고, 그때마다 참석자들은 열광적인 반응을 보였다. 에든버러와 글래스고우에서는 많은 대학생이 면담을 청했다. 런던으로 돌아온 벤저민은 밤을 꼬박 새우면서 산더미같이 쌓인 지원자들의 편지를 정리하고, 면담 일정을 잡고, 선발된 선교지원자들이 자신의 모 교회에서 파송을 받을 때까지 필요한 업무들을 처리했다.

1887년 11월 무렵. '백 명' 목표는 102명으로 초과 달성되었다. 신입 사역자들은 여러 그룹으로 나뉘어 파송되었다. 1888년 1월 26일, 22세의 셋째 딸 이디스도 중국을 향하는 일행 속에 있었다. 전년도에는 아들 마샬이 케임브리지 대학에 갔다. 마샬은 선교사역을 위해 그의 글 쓰는 재능이 사용되기를 바란다고 말했다. 이렇듯 자녀들은 저마다 둥지를 떠났고, 몇몇은 중국 내지에서 위험한 삶을 시작했다.

1890년 10월, 마샬도 졸업을 하고 S. S. 샤넌호를 타고 중국으로 향했다. 네 번째 자녀가 집을 떠날 때, 아멜리아는 앞서 세 자녀가 중국으로 갈 때처럼 가슴이 미어졌다. 그 당시 아멜리아는 아들을 배웅하기 위해 부두에 나갈 수 없었다. 심지어 선교본부에서조차 작별 인사를 할 수 없었다고 마샬은 말한다.

"어머니는 계단에 그냥 주저앉아 버리시더군요. 그것으로 이별이었지요."

그러나 아멜리아는 슬퍼하지만은 않았다. 마샬은 계속 말한다.

"그녀는 슬픔 가운데서도 사실상 기뻐했다. 그리스도를 위해 포기하는 일과 자녀들이 진리 가운데 걸어가는 것을 보는 기쁨이 무엇보다 컸기 때문이다. 나는 그 사실을 잘 안다."

거트루드, 허드슨, 이디스, 마샬 이 네 자녀는 산시성의 타이위안에서 사역하기로 정해졌다.

1892년 벤저민과 아멜리아에게 이디스와 허드슨과 마샬, 세 자녀가 발진티푸스로 인해 드러누웠다는 소식이 전해졌다. 근심에 빠진 부부는 자녀들을 위해 열심히 기도했다. 그때 알 수 없는 평화가 임했다.

"평화, 완전한 이 평화가 멀리 떨어져 있는 그들에게도 임하게 하소서! 예수께서 우리를 안전하게 지키시듯 그들도 안전하게 지켜주소서!"

세 자녀는 모두 병이 나았고 다시 사역을 시작할 수 있었다.

차이나 밀리언즈

벤저민의 1875년 업무 리스트에 "차이나 밀리언즈" 제작과 지원이 포함되어 있었다. 허드슨 테일러는 소통에 능한 사람이었다. 이 말은 잡지 일에 소질이 있다는 의미이다. 어떤 교단에도 속하지 않은 선교 단체를 창립했던 허드슨 테일러는 잡지 발행의 주요한 원칙을 감각적으로 알고 있었다. 허드슨 테일러는 믿음의 사람이면서 동시에 대단히 현실적인 사람이었다.

'매호 마다 새로운 소식이 담겨 있어야 한다.' 이것이 잡지에 대한 허드슨 테일러의 원칙이었다. 이를 위해 잡지가 인쇄에 들어가기 전 허드슨 테일러는 모든 페이지를 지시하고 점검했다. 붐비는 배를 타고 양쯔강을 올라가거나, 먼 중국 내지를 방문할 때도 런던으로 보낼 다음 호 잡지의 초고를 열심히 검토하곤 했다. 허드슨 테일러가 추구했던 또 하나의 기본 원칙은 '팔려야만 성공이다'였다. 허드슨 테일러는 "차이나 밀리언즈"에서 선교 후퇴나 선교사 추방에 관한 기사는 생략했다. 허드슨 테일러에게 중국 복음화 프로그램에 따라 선교에 진전이 있다는 사실을 영국에 있는 선교후원자들에게 보여주는 것은 매우 중요한 문제였다.

허드슨은 몇 년 동안 후원자 가정에 "비정기 소식지"를 보냈다. 비정기 소식지의 마지막 호는 1875년 3월 일자로 되어있다. 허드슨 테일러가 벤저민을 잡지 일에 끌어들인 이유는 새로운 잡지 제작에 도움을 요청하고 궁극적으로 벤저민을 편집인으로 만들기 위해서였다. 1875년 7월, "차이나 밀리언즈" 첫 호가 발행되었다. 허드슨 테일러는 "차이나 밀리언즈" 제목 위에 한자로 성경에 등장하는 '에벤에셀'과 '여호와 이레'라는 부제를 달고 멋진 판형으로 디자인했다. 벤저민은 역량이 인정된 실질적인 편집인이었지만 잡지에 편집인으로 이름을 올리지는 않았다.

처음에 벤저민은 선교 사역과 선교여행에 대한 선교사들의 보고서와 편지에서 적절한 내용을 발췌하는 일에 집중했다. 그러나 곧 편집인의 글을 정기적으로 게재했다. 그리고 잡지 뒷면에는 영수증 번호와 액수와 함께 모든 후원자에게 감사하는 글을 실었다. 후원자들이 익명성을 유지하면서 후원금을 확인할 방법이었다. 해가 지나면서 중국의 관습과 문화에 대한 글을 사진과 함께 실었다. 또 중국 교회의 성장, 아편 흡연, 기근, 가뭄, 홍수와 같은 재난이나 문제점에 대한 소식도 정기적으로 전했다. 중국에 있는 다른 선교단체의 사역에 대한 소식도 꼬박꼬박 실었다. 이따금 허드슨 테일러의 선교 발전 계획과 전략에 관한 글을 발표하기도 했다. 이제 벤저민은 명실공히 편집인이었다. 하지만 벤저민은 여전히 '판권지(版權紙)'[1]에 자신의 이름을 올리지 않았다.

　벤저민은 폭넓은 독서 덕분에 세계 선교 운동에 대한 광범위한 글을 쓸 수 있었다. 특히 버마의 아도니람 저드슨, 아프리카의 데이비드 리빙스턴의 선교여행에 관해 언급하기를 좋아했다. 이따금 허드슨 테일러가 요청한 자료들을 신속하게 보내지 않는다고 매부인 벤저민을 책망할 때도 있지만 두 사람은 선교에 대해 같은 시각을 갖고 있었기에 협력이 순조로웠다. "차이나 밀리언즈"는 폭넓은 독자층을 확보했다. 정치가들과 정부 지도자들도 이 잡지를 구독했는데 그 이유는 중국의 정치적 사건들에 대해 필요한 많은 정보를 얻을 수 있었기 때문이었다.

타고난 중재자

　벤저민은 여러 분야를 넘나들며 일했다. 타고난 감각과 외교수완으로 벤저민은 중재자 역할을 멋지게 해내었다. 많은 자녀 사이에 다툼이 생기면 자녀들은 늘 아버지에게

---

[1] 잡지의 저작권, 발행일, 인쇄일, 발행인, 편집인 등을 적은 면을 말한다. — 편집자 주

중재를 요청했고, 아버지의 평결을 만장일치로 받아들였다. 마샬은 다음과 같이 말한다. '아버지가 우리를 사랑하시는 것은 분명했지만 거짓말이나 부당한 행위가 발각되면, 호되게 야단을 맞거나 심한 벌을 받아야 했어요.'

벤저민은 편지 쓰는 재주가 뛰어났다. 벤저민 브롬홀은 비서에게 받아 적게 하는 쉬운 방법을 사용하지 않고, 특유의 우아한 필체로 직접 편지 쓰는 것을 선호했다. 벤저민은 세계 곳곳의 많은 사람에게 편지를 보냈다. 타고난 편지쓰기 재능으로 많은 사람과 우호적인 관계를 쌓았다. 벤저민은 선교사역에 희생적으로 헌신하는 가난한 직공이나 후원을 아끼지 않는 사회고위층이나 모두에게 편지를 썼다. 네 장이나 되는 긴 편지를 쓸 때도 종종 있었다.

벤저민의 편지는 많은 사람에게 감동과 축복이 되었다. 후에 웨슬리안 감리교회 총회의 대표가 된 사무엘 채드윅은 벤저민에게 이렇게 답장했다. '내가 수행하고 있는 많은 일에 당신의 편지는 영적 위로와 자문이 됩니다. 이제는 당신의 편지를 기다릴 정도가 되었습니다.'

'다운그레이드 논쟁'(The Downgrade Controversy)[2]이 한창일 때, 찰스 스펄전은 이렇게 썼다. '나는 극도의 좌절감에 빠졌습니다. 시글락에 머물던 다윗처럼 하나님만 바라볼 수밖에 없었습니다. 오, 주는 얼마나 선하신지요! 만일 하나님이 나를 구하지 않으셨다면 나는 죽었을 겁니다. 평화가 함께 하시기를 바라며 당신의 좋은 글에 감사합니다. 내 형제여, 당신이 나에게 힘을 주었습

2 스펄전은 비국교도 사이에 만연한 정통 교리에 대한 이탈이 교회와 복음의 수준을 '다운그레이드' 시킨다고 비판하며 1884년에 침례교 연맹에서 탈퇴하였다. 스펄전의 제자 중 80여 명의 목회자가 스펄전의 반대편에 서게 되었다. 이 시기 스펄전은 격렬한 논쟁으로 영적, 육체적으로 큰 어려움을 겪었다. - 편집자 주

니다. 하나님의 축복이 함께 하길.' 벤저민은 스펄전 설교의 정기 구독자였으며, 침례교 설교자인 스펄전에게 큰 존경심을 갖고 있었다. 벤저민의 존경이 스펄전에게 힘이 되었을 것이다.

선교사들 간의 관계, 중국 선교회와 소속 선교사들의 관계, 선교회와 일반 그리스도인들과의 관계에서 벤저민은 중재자로 뛰어난 면모를 보였다. 이따금 신입 선교지원자들의 부모는 CIM 런던 지부가 자녀를 홀대한다고 비난하면서 자녀를 선교 현장으로 보내기를 꺼렸다. 그때마다 허드슨 테일러는 이렇게 말하곤 했다. '내 매부보다 더 그들을 잘 돌볼 사람은 없을 겁니다.' 벤저민은 지원자들의 부모들을 직접 만났고, 그때마다 문제는 좋은 쪽으로 해결되었다.

또 벤저민은 의회와 교회에서 국가 지도자들과 소통하는 능력을 지녔다. 반 아편 운동과 관련하여 친한 친구이며 동역자인 제임스 맥스웰 박사는 벤저민에 대해 이렇게 말했다.

브룸홀 씨는 대규모 협의회에 사람들을 모이게 하는 것을 좋아했습니다. 처음에는 엑스터 홀에서, 나중에는 세실 호텔과 기타 여러 장소에서. 브룸홀 씨가 주최한 조찬기도회는 반 아편 운동을 위한 실질적인 힘이 되었습니다. 교회 지도자들과 의회 의원들, 그리고 영향력 있는 평신도들을 불러 모았습니다. 비용이 많이 들었겠지만 브룸홀 씨는 반 아편 운동에 관심을 두고 있는 부유한 그리스도인들에게 큰 신임을 얻고 있었습니다. 그래서 그가 대규모 협의회가 필요하다고 판단할 때마다 자금은 항상 준비되어 있었습니다.[3]

CMS의 유진 스톡은 벤저민에게 이렇게 편지했다. '저는 당신이 거물들에게 영향

[3] B. Broomhall, National Righteousness, Aug. 1911, p. 8.

을 미치는 사람 가운데 한 분이라고 생각합니다. 이런 일에는 수완이 필요한 법인데 당신은 그 능력을 갖추고 있군요.' 벤저민은 여러 차례 그러한 능력을 발휘하곤 하였다.

게다가 벤저민에겐 사회적 약자에 대해 깊이 배려가 있었다. 아마 반즐리에서 어린 시절을 보내면서 아버지 찰스 브룸홀의 영향을 받았기 때문일 것이다. 벤저민은 아버지가 농장 근로자들을 대하는 방식과 평균임금보다 더 많이 지불하는 것을 지켜보았다. 벤저민은 노예무역 폐지를 위해 20년을 보냈고, 그다음에는 마약으로 삶이 피폐해진 중국의 수백만 명의 아편 중독자들을 대신하여 싸우는 데 오랜 세월을 보냈다. 마샬은 자기 아버지에 대해 이렇게 말했다.

> 인간의 고통에 대한 타고난 정의감은 부도덕한 아편 거래에 대해 강경하게 맞서게 했다. 이를 위해 아버지는 담대하게 국가가 공의를 행할 것을 촉구했고 … 아버지의 책상에는 반 아편 운동을 위해 의회 연감과 서류가 쌓여갔다. … 아버지는 영국이 중국인에게 저지른 악행으로 인해 사랑하는 조국이 하나님의 심판을 받게 될까 두려워 떨었다.[4]

1890년대 초, 은퇴 직전의 벤저민은 처남 허드슨 테일러와 첨예한 의견대립을 보였다. 토론토의 헨리 프로스트가 허드슨 테일러에게 북미 선교지부 (North American Council) 설립을 종용하고 있었다. 벤저민은 미국인과 영국인이 협력하기 힘들다고 주장했으며 다른 지부 설립이 런던 지부의 응집력을 감소시킬 것이라고 우려했다. 런던지부의 다수가 벤저민의 의견을 지지했다. 허드슨 테일

[4] M. Broomhall, Heirs Together, p p. 105, 106.

러는 토론토에 방문했을 때 캐나다와 미국 청년들이 그곳에 CIM 지부를 설립하기를 열망한다는 것을 알았다. 허드슨 테일러는 벤저민에게 호소하듯 답장을 보냈다. '매부는 이곳에서 일어나는 일을 알지 못합니다. 내가 참석했던 열정적인 집회에 매부도 참석했더라면 생각이 달라졌을 겁니다.' 다행히 두 사람의 이견은 좁혀졌다. CIM은 명실공히 국제적인 선교회가 되었다. 북미지부의 설립 후 곧 호주와 스칸디나비아와 독일지부도 설립되었다.

숨은 봉사자

정신없이 이어지는 이 모든 일 뒤에는 늘 벤저민이 있었다. 벤저민은 하나님의 일을 위해 여러 나라와 관련된 업무를 추진하면서도 가족에게 충실했다. 가족에게 꼬박꼬박 편지를 썼고, 함께 거주하면서 사역하는 모든 사람을 위해 일정표를 작성하여 기도했다. 벤저민이 소천한 후 한 아들이 아버지의 사무실에서 두 장의 쪽지를 발견했다. 청년기에 썼던 쪽지를 통해 벤저민의 오랜 습관이 삶을 형성했다는 사실을 알 수 있다. 종이에는 다음과 같은 내용이 담겨 있었다. '아버지와 어머니, 찰스, 윌리엄, 에드윈, 존, 사무엘, 제임스에게 각각 한 달에 한 번씩 편지 쓰기. 사무엘과 제임스는 너무 어리니 제외하고. 매월 한 사람씩 돌아가며 편지를 쓸 것.' 그다음 장에는 이런 글들이 덧붙여져 있었다. '이 사람들을 위해 규칙적으로 기도할 것' 그 밑에는 앞서 언급한 가족들의 이름과 함께 36명의 이름이 적혀 있었다. 예를 들면 '배달원과 조수들을 포함하여 상점과 관련된 사람들, … YMCA:선교사들의 성공을 위해, 그리스도의 공교회, 영국교회, 웨슬리안, 독립교회, 침례교회 등 영국 내의 각 교회 등'

벤저민이 소천한 후 추도사 가운데 한 부분을 인용한다 '그토록 많은 영향력을 발휘했으면서도 이름이 크게 알려지지 않는 경우는 극히 드뭅니다. 벤저민 브룸홀의 삶처럼 말입니다.' 오늘날 허드슨 테일러는 기독교계에서 익숙한 이름이지만 매부인 벤저민 브룸홀은 거의 알려있지 않다. 그러나 벤저민의 헌신이 없었다면 그 시대의 선교가 그처럼 급성장할 수 없었을 것이다. 벤저민 스스로가 드러나기를 원치 않았음이 틀림없다.

돕는 배필

벤저민의 헌신적인 아내 아멜리아는 또 어떠한가? 하워드 테일러 부인은 아멜리아에 대해 이렇게 말했다. '그녀는 매일 새벽 5시면 갓이 씌워진 촛불을 켰지요. 바쁜 일과를 앞두고 마음을 빼앗기기 전에 하나님과 교제함으로써, 영혼이 정화되고, 회복되고, 새로워지기 위해서였지요.' CIM의 눈부신 활약상의 이면에 감추어진 파이랜드 로드에서의 아멜리아의 기도와 겸손한 섬김의 가치는 이루 헤아릴 수 없다. 비록 이따금 오빠가 중국 복장을 하는 것과 같은 문제에 있어서 무모하다는 생각을 속으로 하기는 했으나 허드슨이 신변의 위협을 받을 때, 중국에서 심한 병을 앓을 때, 국내에서의 신랄한 비난을 받을 때, 아멜리아는 오빠를 위해 절대적으로 헌신했다.

마샬이 쓴 아멜리아의 전기에 남편을 향한 아멜리아의 깊은 사랑과 헌신이 드러나 있다. 아멜리아는 늘 남편 편에 섰다. 포목상이 운영위기에 빠졌을 때, 그리고 벤저민이 CIM에서 일하기 시작하면서 공적인 일로 늘 바쁠 때, 아멜리아는 신실하게 남편의 버팀목이 되어 주었다. 아멜리아가 중국 선교 지원자들에게 미친 영적 영향력 역시 이루 헤아릴 수가 없다. 게다가 10명이나 되는 자기 자녀는 물론 허드슨의 자녀 일곱까지 사심 없이 양육했고, 덕분에 그 아이들은 커서 풍성한 열매를 맺었다. 마샬은 말한다. '그녀는 선교역사를 통해서 볼 때 고난이 없이는 발전도 진보도 없다는 사실을 알고 있었다. 아멜리아는 기도로 모든 역경을 돌파했다.' 아멜리아는 중국 선교 개척자로서 홀로 중국에 간 오빠를 위해 사랑으로 중보기도를 했고, 그 기도는 하나님의 복음 사역을 위한 중보기도로 확장되었다.

필리스 톰슨은 아멜리아에 대해 이렇게 말한다. '그녀는 중국에 간 적도 없고, 눈에 띄게 담대한 행동을 한 적도 없으며, 명성을 떨칠 만한 업적도 없으며, 청중을 뒤흔들 정도로 언변이 뛰어나지도 않았다. … 그러나 아멜리아가 없었다면 선교의 황금기도 없었을 것이다.

10   예상 밖의 돌파

1885년 어느 습한 겨울밤, 수많은 런던 시민이 스트랜드에 있는 엑스터 홀로 몰려들고 있었다. 호화로운 개인 마차와 승합마차를 타고 오는 사람들도 있고, 이스트 엔드 슬럼가로부터 걸어오는 사람들도 있었다. 이미 널리 홍보가 된 집회에 참석하기 위해 각계각층의 사람들이 드넓은 홀을 찾았다. 화려한 복장의 작위가 있는 사람들, 명석한 사업가들, 가난한 상점 조수, 근로자 등. 모두가 좌석을 얻고 싶어 했다. 단상에는 40명의 케임브리지 학부생이 있었고, 그 뒤에는 중국 제국의 광대한 지도가 걸려 있었다. 시작 시각이 되자 회장인 조지 윌리엄스를 선두로 준수한 청년들이 등단했다. 이들은 사회적으로 높은 계층에 속해있었고, 몇몇은 유명한 운동선수였다. 최근 몇 주 동안 언론을 장식하던 젊은이들이 나타나자, 실내를 꽉 메운 사람들은 숨을 죽이고 기대하는 눈빛으로 바라보았다.

케임브리지 세븐

예정된 프로그램이 많아서 개막 인사는 짧고 간단하게 끝났다. 급성장하고 있던 YMCA의 재무 담당 윌리엄스는 중국에서 사역하고 있는 선교단체 가운데 유일한 초교파 단체인 CIM을 위해 기도 후원을 호소했다. CIM의 총무였던 벤저민은 중국에서 다른 선교 단체와 협력관계를 구축하고, 중국 지도를 만들며, 정보를 제공하고, 현지 선교사들의 소식을 전하고 있다며 CIM을 소개했다. 옥스퍼드 대학의 졸업생이며, 선교사역을 하다가 휴가 중이던 로버트 란데일은 9년 전 법학도였던 그가 어떻게 하나님의 부르심을 듣고 중국선교를 하게 되었는지 이야기했다. 선교사의 삶은 외롭고, 이해받기 힘든 삶이었으나 충분한 가치가 있다고 증언했다.

이어서 '케임브리지 세븐'으로 불리게 된 청년들이 청중에게 연설했다. 한때 케임브리지 대학 조정선수였던 스탠리 스미스, 남작의 아들 몬태규 보챔프, 군 장성의 아들이며 사격수였던 D. E. 호스트, 성 요한 교회의 목사보 윌리엄 W 캐슬스(훗날 주교가 됨), 왕립 근위대의 세실 폴힐터너와 그의 형제 아서 폴힐터너(이튼 출신), 뛰어난 크리켓선수였던 C. T. 스터드(케임브리지와 이튼 출신).

이들 모두가 늘 풍성한 열매를 맺는 미국인 D. L. 무디의 집회를 통해 회심했고, 그 가운데 다섯은 무디의 케임브리지 집회를 통해 크게 영향을 받았다. '케임브리지 세븐'은 모든 것을 버리고 머나먼 중국으로 가라는 하나님의 부르심에 관해 이야기하면서 청중들도 하나님께 헌신하라고 도전했다. 그들 가운데 일부는 주 집회 장소인 엑스터 홀에 들어가지 못한 사람들을 위해 로어 홀로 갔다. 집회는 몇 시간 동안 계속되었지만, 청중들의 집중력은 조금도 흐트러지지 않았다. 선교 역사상 가장 놀라운 일이 일어나고 있었다.

리버풀, 애버딘, 에든버러, 글래스고, 그린 녹, 뉴캐슬, 리즈, 로치데일, 맨체스터, 브리스톨, 옥스퍼드, 케임브리지 등 일련의 집회가 이어졌다. 2월 4일, 집회는 절정에 달했다. 가는 곳마다 많은 사람이 모여들었다. 그리스도를 위해 헌신하고, 선교 현장에서 하나님의 일에 동참해달라는 호소에 수십 명씩 응답했다. 그다음 날 아침 '케임브리지 세븐'은 빅토리아역에서 청중과 작별 인사를 했다. 오전 10시에 그들은 항구로 가는 열차를 타고 또 다른 6주 여행의 첫발을 내디뎠다.

무대 뒤편에서

'하찮은 선교집단'으로 불렸던 CIM은 특별 순회 집회 이후에 대중의 각광을 받으며 영국 전역에 알려졌다. 이전에는 중국 선교사 지원자들의 대다수가 근로자나 고등교육을 받지 못한 사람들이었으나 경향이 확실히 바뀌었다. '비국교도지(Nonconformist)'에 다음과 같은 논평이 실렸다. '선교역사에서 지난밤 엑스터 홀 단상에 섰던 젊은이들만큼 독특한 사람은 없었다. 해외 선교 현장에서 사역하기로 결단한 이들 젊은이는 외모만 준수할 뿐만 아니라 도전적인 강연으로 청중의 마음을 뜨겁게 했다.' 선교가 모든 교단의 화두가 되었다. CMS의 역사를 집필한 유진 스톡은 1885년과 1886년 또 1887년도를 '기억할만한 3년'으로 묘사했다. 기록적인 숫자의 지원자들이 CMS에 합류했다. 침례교, 장로교, 감리교 선교회에도 지원자들이 몰려들었다.

이 모든 일의 배후에는 자기를 내세우지 않고 핵심적인 역할을 수행한 벤저민 브룸홀이 있었다. 벤저민은 브리스톨의 콜스톤홀, 옥스퍼드에 있는 곡물 거래소, 런던의 엑스터 홀 등에서 집회를 직접 주선했고 대다수의 집회에서 강연도 했다. 브룸홀은 많은 대여비를 개의치 않고 과감하게 믿음으로 대형 건물을 집회 장소로 택했다. 엑스터 홀을 예약했던 YMCA 지도자들은 집회 예정 닷새 전부터 불안해했다. 결국 벤저민이 모든 비용을 책임지게 되었다. 하지만 벤저민의 결정이 옳았다는 것이 입증되었다. 필요한 모든 비용이 헌금으로 충당되었다.

벤저민은 엑스터 홀 집회에 대해 후에 이렇게 말했다. '이 세대에 그 건물에서 열렸던 집회와 같은 중요성과 영적 수확을 한 집회가 있었는지 의문이다. 여하튼 이 집회가 미친 영향은 수치로 따질 수 없을 정도로 지대했다.… 청중이 엑스터 홀을 완전히 꽉 메웠고, 사회적으로 내로라하는 사람들도 자신이 입장할 수 있다는 사실만으로 감사했다.'

일곱 명의 젊은이들이 중국으로 출발한 후에도 벤저민이 해야할 일은 산더미 같았다. 선교에 관한 정보를 구하는 편지들이 쏟아져 들어왔다. 중국 내지 선교사역을 위한 기부금도 있었고, 수많은 CIM 봉사 신청도 있었으며, 여러 교회로부터 강사초빙도 있었다. 산더미 같은 편지에 일일이 손편지로 답장을 하느라 한 밤을 꼬박 새우곤 했다. 동시에 꼭 해야 할 업무를 처리하느라 바쁜 시간을 보냈다.

일련의 특별집회 기사를 담은 "차이나 밀리언즈" 1885년 7월호는 5천 부나 인쇄했는데 모두 팔렸다. 일 년 후 벤저민은 "미셔너리 밴드, 선교사 헌신의 기록"(A Missionary Band, a Rec-ord of Missionary Consecration)을 출간했다. "차이나 밀리언즈"에서 일찍이 소개되었던 간증들을 다시 싣고, 사진, 지도와 중국에 있는 '케임브리지 세븐'의 사역 소식을 덧붙였다. 2만 부가 인쇄되었는데 역시 매진이었다. 또한 최종 증보판 격인 "세계복음화(The

Evangelization of the World)"에는 아프리카와 인도 선교에 관한 섹션이 추가되었다. 이 책에는 CIM의 교회 연합 정신이 드러나 있었다. 벤저민은 가장자리에 금박을 입힌 판본을 빅토리아 여왕에게 보냈고, 여왕은 그 책을 수령했다. 벤저민의 친구 조지 윌리엄스 경이 "세계복음화"를 영국의 모든 YMCA 지부에 배포하는 비용을 지원했다.

미국 장로교 선교부 사무총장인 로버트 스피어는 성경을 제외하고, 그가 선교에 헌신하는 데에 가장 큰 영향을 미친 책은 블라이키의 "리빙스턴의 전기(Personal Life of Livingstone)"와 벤저민이 발간한 "세계복음화"라고 말했다. 세계선교협의회 명예회장이었던 존 R. 모트 박사는 이 간행물들이 자신의 삶에 미친 영향에 관해 간증했다. 2년 후 그의 책 제목은 '학생자원자운동(Student Volunteer Movement)'의 모토인 '우리 세대의 세계 복음화'의 중요한 부분이 되었다.

'케임브리지 세븐'의 유례없는 성공과 연이은 잡지 출판은 벤저민 브룸홀의 홍보와 소통의 재능을 보여준다. 일곱 명의 젊은이들이 중국으로 출발했던 해인 1885년, 40명의 새로운 선교사들이 합류했다. 선교지원자들을 받아들이기까지 상호연락, 최소한 한 번의 면담, 그리고 선교본부에서의 훈련과 준비까지 통상 수개월이 걸렸다. 사역자들이 도착하고 출발할 때 선교본부는 북새통을 이루었고, CIM의 안주인이자 어머니 역할을 해온 아멜리아에게도 큰 부담이 되었다.

예민한 영적 감각을 지닌 벤저민은 1885년 1월과 2월 사이의 큰 성과로 신이 나고 고무되었지만, '성공의 때는 종종 위험한 때이다.'라고 스스로 경고하면서 모든 일에 신중을 기했다. 헤아릴 수 없을 정도의 수확이 있었던 것은 분명하지만, 벤저민은 조심스러운 낙관으로 한 해를 마무리했다.

계속 타오르는 불꽃

선교에 헌신할 것을 촉구하던 '케임브리지 세븐'의 집회 여파는 그들이 빅토리아역에서 기차를 타고 떠난 후에도 계속되었다. 에든버러 출신의 헨리 드러먼드 교수는 다른 교수들과 강사들과 함께 스코틀랜드 전역에서 선교 부흥 집회를 구상하고 있었다. 케임브리지에서 리들리 홀의 학장 핸들리 모울은 선교 현장으로 가려는 신학생들의 열정이 너무나 뜨거워서 국내에서도 선교사역을 할 수 있다며 말려야 할 정도였다. 미국에서는 C. T. 스터드의 형제 존이 선교에 관한 스터드의 주장을 피력했다. 벤저민의 저서 "미셔너리 밴드"는 1886년 학생 자원자 선교연맹(SVMU: Student Volunteer Missionary Union)의 결성에 직접적인 영향을 미쳤다. 1891년, 로버트 와일더가 영국으로 와서 SVMU를 결성했다. SVMU를 모태로 영국 SCM과 IVF가 탄생했다.

이제 벤저민 브룸홀의 사역이 절정에 이르렀다. 하지만 벤저민은 중국으로 향하는 그들을 둘러싼 대중의 관심은 곧 거품처럼 꺼질 것이며 대중의 넘치는 열정 또한 언젠가는 사그라지리라는 사실을 알고 있었다. 벤저민은 선교 동원가로서 그 이후를 생각하고 기도할 수밖에 없었다. 선교사로 헌신하는 것도 중요하지만 헌신한 이후가 더 중요하다고 생각했다.

'케임브리지 세븐'이 출발할 무렵 로버트 와일더는 "미셔너리 리뷰(The Missionary Review)"에 이렇게 썼다. '중국어를 배우느라 고군분투하고, 무지하고 미신을 섬기는 대중과 매일 가까이 지내며,

그들이 지금까지 살아왔던 문명화된 기독교 사회와는 단절된 상태에서 과연 이 젊은이들의 신앙의 불꽃이 계속 타오를 수 있을까? 이를 궁금해하며 소식을 기다리는 사람들이 많다.'

벤저민도 같은 생각을 하고 있었음이 틀림없다. 벤저민은 수개월, 또 수년 동안 선교사들의 행적을 기도와 관심 가운데 추적했다. 편지와 보고서가 런던 지부에 있는 벤저민의 사무실로 흘러들어왔다. 벤저민은 발췌한 것들은 먼저 베스트셀러 저서인 "세계복음화"에 싣고 그다음에 "차이나 밀리언즈"에 실었다.

젊은 선교사 일행은 도버, 칼레, 브린디시, 수에즈, 콜롬보를 거쳐 홍콩에 도착했다. 그들은 영국 전역을 돌며 대규모 집회를 마쳤기에 중국 내지로 들어가기 전 언어도 배우고 힘든 여행을 대비하여 쉬면서 힘을 비축할만했다. 하지만 벤저민의 기록에 의하면 이 젊은이들의 중국 여행은 마치 사도행전에 기록된 바울의 전도 여행 같았다. 젊은이들은 선상에서 예배를 주관했고, 선원과 승객들과 개인적인 대화를 통해 회심하는 사람들이 생겨났다. 배가 정박했을 때에는 교회나 기독교 학교에서 설교했다. 마치 벤저민과 후원자들의 기도에 부응하듯이 이들의 행보는 거침이 없었다.

훗날 어느 한 여행객은 "인디언 위트니스"란 간행물에서 이렇게 말했다. '이렇게 겁이 없는 사람들은 처음 본다. 비웃는 표정으로 바라보는 사람들을 향해 그들은 잔잔한 미소를 띠며 담대하게 버티고 서 있었다. 하늘에 계신 주인을 위해서라면 기꺼이 싸울 준비가 되었다는 듯이….'

홍콩에서 '케임브리지 세븐' 가운데 몇몇은 급히 마련된 시청극장에서 모여 있는 군중들에게 연설했다. 나머지는 홍콩 곳곳으로 흩어져 여러 다른 집회에서 설교했다.

드디어 6주 만에 상하이에 도착했다. 허드슨 테일러가 직접 나와 그들을 환영했다. 상하이에서는 중국에 있는 영국인들에게 복음을 전했다. 첫 집회에서 대성당 소속의 젊은 영국인 목사가 복음을 받아 들였다. 라이시엄 극장, 맨션 홀과 몇몇 스포츠클럽에서도 강연을 계속했다. 다음과 같은 기사가 보도되기도 했다.

'젊은 선교사들은 이전보다 상하이에서 훨씬 더 큰 영향을 미쳤다.'

젊은 선교사들의 선교 방식이 첫 시험대에 오른 곳이 바로 상하이였다. 그들은 머리를 밀고 중국인의 옷을 입었다. 아서 폴힐 터너는 집으로 보내는 편지에 이렇게 썼다. '이 옷은 편하고, 다양하게 변화하는 기후에 매우 적합합니다.'

젊은 선교사들은 두 팀으로 나뉘었다. 첫 번째 그룹은 몬태규 뷰챔프와 함께한 C. T.스터드와 폴힐 터너 형제였다. 그들은 중국인 복장을 하고 양쯔강으로 올라갔다. LMS 선교사 존 그리피스는 한커우에서 그곳에 사는 유럽인들에게 이들이 말씀을 전할 수 있는 자리를 마련했다.

두 번째 그룹인 스탠리 스미스, 딕슨 호스트, 윌리엄 캐슬스는 옌타이, 천진, 북경을 걸쳐 산시성으로 향했다. 그들은 모든 선교 단체의 선교사들이 모인 집회를 성공리에 마쳤다. 열정적인 설교자이며 웅변가인 스탠리 스미스는 부르심을 받은 선교사역에 재헌신할 것을 촉구하여 선교사들을 감동하게 했다. 북경 LMS의 조셉 에드킨 목사는 후에 이렇게 기록했다. '중국에서 그와 같은 집회를 본 적이 없다. 나는 이것을 부흥의 물결이 중국 해안을 강타하고 있다는 징표로 받아들였다.'

북경 집회에서 25명의 선교사가 최근 도착한 젊은이들의 설교에 대한 간증과 함께 모든 선교단체에 보내는 합동 서신에 서명했다. 그 편지는 다음과 같은 호소로 끝났다.

"우리가 하나가 된다면 하나님이 그분의 능력으로 중국을 흔들어놓으실 것입니다. 여러분도 믿으시기 바랍니다!"

중국의 수도에서 목적지인 산시성의 타이위안까지 가는 여정에서 그들은 중국의 실상을 처음으로 체험했다. 윌리엄 캐슬스의 일기의 한 부분이다. '우리는 수레를 타고 가며 중국 여관에 묵으면서 중국을 처음 경험했다. 수레를 타면 몸이 많이 흔들렸는데 건강에 도움이 되는 것 같다. 특히 뒤쪽이 더 많이 흔들렸다. 밤이 되는 것이 가장 반가웠다. 여관에 머물 수 있기 때문이다. 여관이 그때처럼 편하게 느껴진 적이 없었다.'

중국 내지의 일곱 명의 신참 선교사들은 영국에서 성황을 이뤘던 집회에 대한 기억들은 잊고 언어 공부를 시작해야 했다. 복음에 대해 매우 저항적인 그 땅에서 회심자들을 수확하고 작은 교회들을 세우려면 언어 문제를 절대 피해갈 수 없었다. 스터드와 폴힐 터너 형제는 영어로 된 책을 모두 치우고 성경의 오순절 사건처럼 중국어를 말할 수 있는 은사를 달라고 기도했다. 그러나 한커우에 도착한 후에는 이러한 시도를 중단하고 정식으로 언어를 배우기 시작했다.

런던으로 돌아온 벤저민 브룸홀은 부모의 마음으로 기도를 하면서 그들의 사역을 도왔다. 벤저민은 "차이나 밀리언즈"를 통해 정기적으로 그들의 소식을 전했다. 벤저민이나 CIM이나 '케임브리지 7인'이 나타나기 이전과는 절대로 같을 수 없었다.

'케임브리지 7인'은 이후에 어떻게 되었을까? 존 폴락은 다음과 같이 기록했다. '케임브리지 세븐의 길은 저마다 달랐지만 단 한 사람도 왔던 길로 돌아가지 않았다.'

그들 가운데 연장자인 윌리엄 캐슬스는 중국인 양 떼들에게 감동을 준 목자라는 사실을 입증하였다. 산시성에서 일 년을 지낸 후 그는 쓰촨성으로 옮겨갔다. 그리고 그곳에서 그는 잉글랜드 성공회의 교리를 따라 임무를 수행했다. 허드슨 테일러는 쓰촨성 동부를 잉글랜드 국교회의 원칙에 따라 운영할 계획을 세우고 그곳에 CIM과 CMS 공동 교구를 만들었다. 최초로 성공회 목사 안수를 받은 캐슬스는 1895년 중국 서부의 주교로 임명되어 죽을 때까지 30년 동안 바오닝 대성당에서 사역했다.

스탠리 스미스는 산시성에서 독자적으로 사역했다. 사역 후반기에 그는 '조건부 불멸설(conditional immortality)'[1]을 믿음으로써 상하이 지부와 교리상의 이견을 보였고 독자적으로 산시성 동부에 작은 선교회를 설립했다. 그는 그곳에서 1931년에 소천했다.

유명한 크리켓 선수인 C. T. 스터드는 건강이 악화하기 전까지 산시성에서 신실하게 사역했다. 그는 1894년 병으로 인해 귀국 조치가 내려졌으나 선교에 대한 비전을 절대 잃지 않았다. 스터드는 인도에서 목사로 사역했고, 50대 때에 열대 아프리카로 출발했다. 그는 '아프리카 심장 선교회(Heart of Africa Mission)'를 창립했고, 이 단체는 후에 WEC(Worldwide Evangelistic Crusade)이 되었다. 스터드는 1931년 자이르[2]의 이밤비에서 소천했다.

아서 폴힐 터너는 영국 성공회 신학교에

[1] 구원받지 못한 자들이 의식이 있는 상태에서 끝없는 고통을 겪지 않고 결국은 파괴되어 존재하지 않게 될 것이라는 교리이다. — 편집자 주
[2] 현재의 콩고 민주공화국. — 편집자 주

서 신학을 시작했고, 1888년 안수받은 쓰촨성 교구의 바중과 바오닝에서 사역했다. 그는 1928년, 중국 사역에서 은퇴했다. 그리고 남은 생 마지막 7년 동안 하트퍼드셔 교회에서 사역했다. 그의 형제 세실은 간쑤성과 쓰촨성에서 사역했다. 폴힐 터너는 티베트 복음화에 대한 특별한 부담감을 가지고 많은 신체적 위험에 직면하면서도 중국 쪽이나 인도 쪽에서 접근이 금지된 티베트로 갔다. 그는 '티베트 파이오니아 밴드(Tibetan Pioneer Band)'를 설립했다. 1900년, 병으로 귀국했으나 중국 선교를 위한 열정으로 7년 후 다시 중국 내지로 돌아갔고, 1938년 80세 나이에 영국에서 소천했다.

'7인' 가운데 몬태규 뷰챔프는 성공적인 순회 사역자였다. 중국 북서부와 남서부를 장기 전도 여행하면서 이따금 허드슨 테일러와 동행하기도 했다. 후에 그는 평신도로 바오닝에서 윌리엄 캐슬스를 도왔다. 1911년 그는 영국으로 돌아와 안수를 받았다. 그리고 바오닝에서 사역하고 있는 아들을 만나기 위해 중국을 세 차례 다시 방문했다. 1939년, 그가 중국을 세 번째 방문하여 사천성 랑중에서 소천했다.

딕슨 호스트는 시 목사(12장 참조)와 함께 산시성에서 사역했다. 1903년 허드슨 테일러의 뒤를 이어 CIM 총재가 되었고 1935년에 은퇴했다. 상하이에서 일본인에 의해 억류되었다가 1946년 런던에서 소천했다.

'케임브리지 세븐' 이야기와 선교에 대한 그들의 노력은 위대한 19세기 선교 역사의 가장 큰 기념탑으로 남아 있다. 그리고 이들의 후방에서는 '선교 동원가' 벤저민과 많은 후원자가 일하고 있었다.

11 아편과의 전쟁

다음에 묘사된 장면을 상상해보라. 1839년 3월, 어느 화창한 날, 중국의 대형선박 한 척이 진주 강을 따라 광저우로 향하고 있다. 큰 배 뒤에는 군인들을 태운 다소 작은 배들이 바싹 따라오고 있었다. 갑판 위에는 화려한 복장의 고위 관료가 서 있다. 몇몇 군 장교들이 그를 호위하고 있다. 배가 가까이 오자 강가에 있던 서양인과 중국 상인들은 새까만 콧수염과 턱수염에 뚱뚱한 중년 고관의 모습을 선명하게 볼 수 있었다. 배에 탄 사람들의 복색으로 보아 분명 극적인 일이 일어날 듯한 분위기였다. 그들은 라탄 모자에 붉은색과 흰색이 조화를 이룬 관복을 입고 있었다. 그뿐 아니라 강변을 따라 정렬해 있는 군인들도 평소와는 다른 복장이었다. 이 모두가 평상시에는 보기 드문 광경이었다. 틀림없이 무슨 일인가 벌어지려는 것이 틀림없다.

아편 전쟁

선상에 있던 고관은 새로 임명된 린쩌쉬(林則徐)였다. 린쩌쉬는 중국 황제, 곧 '천자(Son of Heaven)'로부터 아편 무역을 중국에서 완전히 쓸어버리라는 명을 받았다. 거의 반세기 이상 아편 상인들은 중국의 법을 어겨왔고, 아편이 적재된 선박들이 진주 강과 중국 해안을 따라 제멋대로 진입했다. 이로 인해 학자, 상인, 농부 등 대다수의 중국인이 아편에 중독되었고, 많은 사람이 빚과 굶주림으로 피골이 상접했다는 것은 부인할 수 없는 사실이었다. 린쩌쉬는 8일 동안 아편 무역의 여러 사악한 면을 면밀히 조사했다. 그리고 매매상과 제조상, 그리고 중국 내 외국 상사들을 자세하게 조사했다. 그는 부하 관리들과 긴밀한 회의를 마친 후, 어떠한 조처를 내릴지 결정했다. 외국인들은 배와 창고에 있는 모든 생아편을 모두 린쩌쉬에게 넘기고, 다시는 중국인들에게 아편을 강요하지 않겠다고 진지하게 약속해야 했다. 놀란 상인들에게 린쩌쉬는 다시는 아편 거래나 밀수는 없을 것이며, 적발 시에는 사형을 내리겠다고 공표했다. 린쩌쉬의 과감한 조처는 사전에 주도면밀하게 계획된 것이었다. 그것은 역사적으로 또 문화적으로 자긍심을 느끼던 국가가 아편 무역으로 인해 치욕과 타락으로 떨어지는 것을 막겠다는 절박함의 표현이었다. 중국 황제는 이 신임 흠차대신(欽差大臣)[1]이 장기간 지속된 해악을 단 한 번에 해결할 것으로 기대했다.

'신참이 부지런하다'라는 속담처럼 제1대 흠차대신인 린쩌쉬는 묵은 폐단을 일소하는데 열심이었다. 영국인들은 1839년 3월까지 모든 아편을 넘겨야 했고, 이를 이행하지 않을 시에 중국 중개상들은 처형될 것이

---

[1] 흠차대신(欽差大臣) : 특정 사안에 대해 황제로부터 전권을 위임받아 대처를 하는 특별한 관리 — 편집자 주

었다. 린쩌쉬는 아편제조 공장으로 향하는 육로와 해로를 모두 차단하고, 영국인 아편 무역상과 상인들을 투옥했다.

영국의 반격

영국 무역 총감독관인 칼스 엘리어트 장군은 영국 사람들의 목숨을 구하고 자산손실을 막기 위해 즉각적으로 뒤로 물러섰다. 그는 아편 20,283상자를 즉시 내어놓고, 절대 마약 거래를 하지 않겠다고 약속했다. 그러자 린쩌쉬는 약속대로 공장봉쇄를 해제했다. 그러나 영국은 수치스럽게도 경제적 이익 때문에 아편 무역을 그만둘 생각이 없었다. 아편 밀수업자들은 아편을 팔기 위해 여전히 해안까지 횡행했고 정치가들에게는 영국의 경제를 빌미로 압력을 넣기 시작했다.

극적인 드라마가 벌어지고 2년 반 후, 엘리어트 장군에게는 또 다른 전략이 있었다. 영국 여왕의 신하들이 부당하고 폭력적인 대우를 받고 체포당하거나 투옥되었다는 명분으로 엘리어트 장군은 중무장한 원정대를 이끌고 멀리 베이허까지 갔다. 황제에게 영국함대가 북경에 그처럼 근접해 있다는 사실은 굴욕이었다. 영국함대가 북경에 근접했다는 것은 린쩌쉬를 통해 시행되었던 아편 무역의 통제가 실패했다는 사실을 의미했다. 황제는 즉각 린쩌쉬를 해임하고 멀리 떨어진 신장으로 좌천시켰다. 이것으로 용기와 비전을 상징적으로 보여주었던 린쩌쉬의 삶은 끝이 났다. 그러나 역사는 린쩌쉬에 대해 황제와 상반되는 평가를 했다. 오늘날 린쩌쉬는 중국에서 국가적 영웅으로 기억되고 있다.

이 사건 직후인 1840~1843년, 또 1856년, 두 차례에 걸쳐 아편전쟁이 일어났다. 영국함대의 최신형 쌍 돛대 범선이 태풍과 해적이 들끓는 바다를 뚫고 중국의 모든 항구를 향해 돌진했다. 중국 정부의 노력은 모두 실패하고 말았다. 아편 밀수와 거래는 계속 증가했고, 농민들은 곡물과 함께 아편 양귀비를 재배하기 시작했다.

영국 국민들은 아편 무역이 중국 국민들에게 어떠한 해악을 미치는지 전혀 모르는 것 같았다. 일부 언론만 아편 무역의 위험성에 대해 이따금 시사했다. 지리학자인 리흐토펜 남작은 '중국 북부의 허난성에서 산시성까지 모든 마을 사람들이 아편 흡입으로 인해 얼굴은 쭈글거리고 눈은 퀭하여 몰골이 말이 아니다.'라고 기록했다. 이처럼 영국은 복음과 함께 마약을 수출하는 형국이었고 이 일은 오랫동안 중국 선교의 걸림돌이었다.

그리스도인의 반격

중국에서 행해지는 사악한 아편 거래에 대하여 영국인들이 반기를 들기까지 오랜 시간이 걸렸다. 그리스도인들이 먼저 행동을 취했다. 허드슨 테일러는 편지와 강연을 통해 아편중독의 비극에 대해 강경한 어조로 이야기했다. 복음주의자들과 퀘이커교도들도 아편 무역을 중국에서의 기독교 전파에 장애가 된다는 것을 인식하기 시작했다. 앞서 언급했듯이, 1843년, 새프츠버리경은 하원 의사당에서 영국의 아편 독점에 대해 반대 의견을 피력했다. 중국에서 사역하는 선교단체들도 서로 협력하여 수많은 후원자의 서명과 함께 저항운동에 동참했다. 반 아편 로비활동이 점점 더 분명한 형태로 드러났다.

이렇게 구성된 크고 작은 모임은 1874년, 아편 무역 억제를 위해 '앵글로 오리엔탈 협회(Anglo-Oriental Society)'을 결성했다. 이 협회에는 퀘이커교도이며, 요크셔 출신의 남작인 에드워드 피즈 경으로부터 넉넉한 자금을 지원받았다. 에드워드 피즈 경은 이 협회의 대표가 되어 "중국의 친구(The Friend of China)"라는 공식 잡지를 창간했다.

벤저민 브룸홀이 아편과의 전쟁에 뛰어든 것은 바로 이 무렵이었다. 1878년, CIM의 총무가 되고 이어서 "차이나 밀리언즈"의 편집인이 된 이후에 벤저민은 처남 허드슨 테일러를 뒤따라 아편 무역과의 전쟁을 시작했다. "차이나 밀리언즈"의 매 호에 아편 무역으로 인한 비극적 상황에 대한 현지 선교사들의 보고서에서 발췌한 글과 함께 아편 무역을 반대하는 허드슨 테일러의 글이 실렸다. 이로 인해 아편 거래를 우려하는 그리스도인들의 저항운동이 탄력을 받게 되었다.

1882년, 엑스터 홀에서 '아편 흡연에 관한 진실'이라는 주제로 선교사 연합집회가 열렸다. 벤저민은 집회가 끝난 후, 강연내용과 선언문들을 인용하여 같은 제목으로 소책자를 만들었다. 1883년, "차이나 밀리언즈"는 인도에서의 아편 생산과 아편이 중국에 미치는 해악에 대한 기사를 연재했다. 그 무렵 벤저민은 중국에서 대대적인 사역을 펼치고 있는 CIM 총무의 자격으로 '아편 무역 금지 위원회" 집행위원회의 일도 수행하고 있었다. 그는 아편 무역 반대 운동이 가치 있는 일이라고 생각했기에 열정적으로 참여했다. 그는 집회에서 강연도 하고, 글래드스턴 경에게 인도 아편 제조공장에 관한 의견서를 전달하는 대표단에도 합류했다.

선교와 정치

드디어 아편 무역에 관하여 대중에게 널리 알릴 기회가 왔다. 그것은 바로 1888년, 애버딘 백작 주관으로 엑스터 홀에서 열린 제3차 국제 선교 콘퍼런스였다. 128개 선교단체를 대표하여 1,579명이 참석했다. 벤저민은 이 중요한 모임의 집행위원이었다. 이 일을 하는 동안 그는 같은 협회 회원이며, 영국 장로교회 선교사로 타이위완에서 사역을 하다가 질병으로 인해 귀국한 제임스 맥스웰 박사와 친분을 쌓았다. 이 두 사람은 긴밀한 관계를 유지하면서 향후 20년간 함께 아편 무역과 싸웠다.

브룸홀과 맥스웰은 콘퍼런스에서 아편 문제에 대해 논의할 수 있는 시간을 따로 할애해야 한다고 제안했다. 그러나 집행위원회는 그 안건을 상정하지 않기로 결정했다. 그러나 두 사람은 이에 굴하지 않고 총회에 호소해서 결국 콘퍼런스의 일정에 하루를 더 추가했다. 그러나 콘퍼런스 마지막 날, 브룸홀과 맥스웰은 실망하지 않을 수 없었다. 추가 일정에는 다른 두 안건도 포함되어 있었기에 시간을 아편 무역에만 할애할 수 없다는 사실을 뒤늦게 알았기 때문이다.

허드슨 테일러가 직접 단상에 섰다. 그는 직접 목격한 중국 곳곳에서의 아편의 영향을 상세히 묘사하면서 강력한 연설을 했다. '저는 30년 이상을 중국에서 사역했습니다. 중국에서 아편 교역이 일주일간 행한 악이 선교가 일 년간 행한 선보다 크다고 굳게 확신합니다.' 벤저민 브룸홀 역시 그의 긴 연설에서 이렇게 말했다. '아편 무역은 지금까지 세계가 저지른 거대한 악행 가운데 하나입니다. 저는 그 어느 때보다 양심의 가책을 느끼지 않을 수 없습니다. 세계 역사상 영국이 중국에 행한 것만큼 한 국가가 다른 국가에 잘못을 저지른 예는 결코 없기 때문입니다.' 이날 허드슨 테일러는 다음과 같은 해결책을 제안했다.

"콘퍼런스 집행부는 아편 무역으로 인해 중국에서 계속 행해지는 숱한 신체적·도덕적·사회적 악을 인식하고 기록으로 남기기를 바란다. … 지금까지는 정부가 아편 무역 반대 운동을 억압해왔지만, 이제 우리의 주장이 관철될 때까지 정부를 협상의 자리로 끌어내야 한다."

이 제안은 회의를 통해 만장일치로 채택되었다. 그러나 콘퍼런스 집행부는 이 결정이 콘퍼런스 전체를 대변하는 것이 아니라며 선을 그었다. 이로 인해 벤저민은 다시금 실망하지 않을 수 없었다.

콘퍼런스에서 아편 무역이라는 주제를 둘러싸고 날 선 공방이 진행되는 동안 벤저민의 타고난 논리성과 언변이 그 빛을 발했다. 콘퍼런스에 참석한 선교회 대표들 다수가 아편 무역을 속히 종식하자는 주장을 지지했으나 놀랍게도 일부 소수 대표는 이에 반대했다. 그 가운데에는 인도 파견 행정관이며, CMS의 대표의원인 R. N. 커스트 박사가 있었다. 그는 선교사들은 정치, 농림 또는 상업 부문에 관여해서는 안 된다고 경고했다. 그리고 영국 정부가 어떠한 조치도 취할 수 없다는 희한한 논리를 폈다. '2천 마일이나 되는 해안선과 강과 시내가 있습니다. 세계적인 영국의 함대일지라도 인도로부터의 아편 수출을 막을 수 없습니다.'

벤저민은 미국 작가 데일 카네기의 "친구를 얻고 사람을 움직이는 방법(How to Win Friends and Influence People)"에 나오는 화법에 통달했다고 할 정도로 정중하고 절제된 어조로 아편 무역에 대한 자신의 확실한 생각과 강한 신념을 피력했다. 커스트 박사에 대한 벤저민 브룸홀의 유명한 반박 연설은 그의 사람을 대하는 방식을 잘 보여준다.[2]

"의장님, 단상에 계신 몇몇 분과 많은 참석자분은 저와 커스트 박사님이 서로 적대적인 감정이 있다고 생각하실 겁니다. 저는

[2] J. Johnston, Centenary Conference of Protestant Missions 1888, (London, James Nisbett, 1889), p. 133.

개인적으로 그분의 섬김과 선교사역을 존경합니다. 그분은 온 땅에 하나님의 복음 전파 사역 연구에 오랫동안 헌신하시며 고결한 삶을 살아오셨습니다. 저는 선교와 관련된 철학적, 인종적, 지리적인 분야에 있어서 이분만큼 폭넓고 정확한 지식을 가진 분을 알지 못합니다. 그러나 이 문제에 있어서만은 몇 가지 사항에 대해 잘못 알고 계신 것 같습니다. 저는 우리의 친구이신 커스트 박사님, 또 박사님과 같은 생각을 하시는 분들께 감히 말씀드립니다. 이 제도는 반드시 없어져야 한다고 말입니다. 하나님이 기뻐시지 않는 제도라고 말입니다."

벤저민은 첨예한 문제에 대해서 정중하면서도 날카로운 반론을 제기했다. 이것이 벤저민의 방식이었다.

콘퍼런스 집행부가 아편 관련 결의안이 콘퍼런스 전체의 의견이 아니라고 발표했을 때 브름홀과 맥스웰은 크게 실망했다. 하지만 두 사람은 이러한 결정에 대해 효과적이고 신속하게 대처했다. 그러나 그 후 몇 개월 동안 집행부 모두가 심적으로 짓눌려있었기에 의견 일치가 더욱 힘들어져서 '아편 무역 금지 위원회'도 동력을 잃기 시작했다. 관련자들은 그들이 그동안 형식과 절차에 너무 많은 시간을 소요하고 있었다는 사실을 깨달았다. 벤저민은 비영리 단체 운영과 관련된 복잡한 법안과 규정을 몹시 싫어했다. 벤저민은 끊임없이 계속되는 결론 없는 토의에 지쳐버렸다. 아편 무역 금지를 위한 새로운 협회가 구성되고 벤저민은 매우 상세한 법 조항을 전달받았다. 벤저민은 그것을 받자마자 금고에 넣어 잠가버렸다. 벤저민은 충격을 받은 새 단체의 비서에게 열쇠도 잊고 저 안에 들어 있는 것도 잊으라고 말했다.

'크리스천 유니온'과 '국가 정의'

엑스터 홀 집회 엿새 후, 브룸홀과 맥스웰은 '대영제국의 아편 무역 중단을 위한 기독인 협회'[3]를 설립했다. 설립자들은 이 협회가 14년 동안 활동해온 기존 협회와 경쟁을 하기보다는 보완하는 역할을 할 것이라고 설립 초기부터 분명히 밝혔다. 그리고 모든 형식을 간소화하고 신속하게 움직였다. 그래서 1888년 6월 26일, 공식 잡지 "국가 정의"와 함께 설립되었다. 잡지의 이름은 성경의 "공의는 나라를 영화롭게 하고 죄는 백성을 욕되게 하느니라"(잠언 14:34)를 토대로 하였다.

단체의 대표는 S. A. 블랙우드 KCB였고, 벤저민은 간사였다. 회원들의 일 년 정기구독료는 1실링이었고, 1,600명이 즉시 가입했다. 후원자 가운데는 허드슨 테일러는 물론이고, 토마스 바르나르도 박사, 그래튼 기네스 박사, C. H. 스펄전 목사와 같은 유명인사도 있었다. 창간호에서 벤저민은 그 무렵 출간된 몽고메리 마틴의 두 권으로 된 "중국에서의 아편 무역에 대해 묻다(An Enquiry into the Opium Traffic in China)"를 폭넓게 인용했다. 다음 짧은 인용문만으로도 그 취지를 충분히 알 수 있을 것이다.

> "전하의 신하들이 중국에서 가공할만한 범죄를 저지르고 있다는 것을 인정하지 않고 이 공식 서한을 숙지한다는 불가능합니다. 여하튼 그들은 자신들도 사람이면서 다른 많은 사람의 생명과 도덕성을 파괴하는 물품을 싣고 와서 열심히 팔고 있습니다."

벤저민은 또한 '설교의 제왕'인 스펄전

---

[3] Christian Union for the Severance of the British Empire with the Opium Traffic: 이후로는 '크리스천 유니언'으로 표기함 — 역자 주

의 아편 무역에 대한 견해도 인용했다.

"우리는 믿지 않습니다. 확신컨대, 열사람 가운데 한 사람도 아편 스캔들에 대해 제대로 알지 못합니다. 인도로부터의 재정 충당은 인간이 저지를 수 있는 가장 사악한 악 가운데 하나를 묵인함으로써 누리는 것입니다."

그리고 벤저민은 허드슨 테일러의 글에서도 신랄한 문구를 찾아낼 수 있었다.

"영국은 현재 해외에서 수입되는 아편은 물론이고, 중국에서 생산되는 모든 아편에 대해 도덕적으로 책임이 있다."

1890년 6월경, "크리스천 유니언"(대영제국의 아편 무역 중단을 위한 기독인 협회)의 회원 수가 3,000명을 넘었다. 그달의 기사에는 중국 교회 지도자들이 대영제국의 교회들에 보내는 매우 감동적인 호소문이 실렸다.

"우리 국민은 원래 매우 건강합니다. 그러나 그들이 아편 흡입을 습관적으로 하다 보니 허약체질이 되었습니다. 자녀도, 또 손자도 … 우리는 위에 계신 주님께서 임재하셔서 영국과 중국이 이 큰 악을 폐지하도록 도와달라고 기도합니다."

이와 같은 호소에 아무런 감동도, 수치도 느끼지 않을 사람이 어디 있겠는가? 그래서 벤저민은 45,000명의 개신교 주요 교단의 영국 복음주의 사역자들에게 다음과 같은 편지를 보냈다.

"거대 악에 대항하는 모든 위대한 운동에는 주님의 군사들의 긴 세월 동안의 피나는 노력이 필요했습니다. 주님의 군사에겐 위기도 있지만, 승리의 관을 쓰게 될 때가 반드시 옵니다. 이 싸움이 거의 막바지에 달했다는 것이 보이지 않습니까? 하나님이 용납하시지 않는 악에 대항하는 이 전투를 속히 끝내기 위해 하나님께서 대영제국의 교회들을 부르시는 소리가 들리십니까?"

이 편지는 아편 무역의 실상과 통계수치와 함께 의원들 개개인에게도 전달되었다. 이 새 협회는 강하면서도 효율적으로 성과를 올리고 있었다. 곧 맥스웰은 '크리스천 유니언'의 사무총장 겸 회계담당자가 되었고 벤저민은 계속 '국가정의'의 편집인으로 일했다. 라이트 혼. W. E. 글래드스톤의 전폭적인 후원과 함께 하원의원들의 가입도 계속 늘어났다. 1893년 2월경, 회원 수가 5,000명이었고, 4월에는 6,000명이었다. 벤저민은 1895년 CIM 총무 직에서 은퇴했다. 그 당시 나이는 66세였다. 그러나 그는 크리스천 유니언에서 왕성한 활동을 계속했다. 아편 무역과 싸우기 위해 벤저민은 스트랜드가의 엑스터 홀에서 아편 무역을 반대하는 콘퍼런스, 대중 집회, 유명인사와 의원들이 참여하는 조찬모임 등 수많은 모임을 주선하고, 그곳에서 열변을 토했다. 그는 영국 전역을 누비면서 그리스도인들에게 아편 문제의 심각성을 알렸다. 특히 더럼의 주교가 된 핸들리 모울과 런던 온슬로 광장에 있는 세인트 폴 교회의 웹 페플로 목사는 벤저민을 적극적으로 도왔다.

가까워진 소망

벤저민의 행보가 더욱더 빨라졌다. '아편 무역 금지 위원회'의 "중국의 친구", '크리스천 유니언'의 "국가정의", CIM의 "차이나 밀리언즈" 는 모두가 아편 무역에 압박을 가하는 데 일조했다. 수많은 웨슬리안 감리교도들이 아편에 관한 긴급청원에 서명했다. 5천 명의 영국 의료계 종사자들이 아편은 인도에서(영국에서는 이미 독극물로 분류되었다.) 독극물로 분류되어야 하며, 의학적 목적을 제외하고는 그 제조와 판매가 금지되어야 한다는 성명서에 서명했다. 그리고 중국에서는 의화단 운동을 계기로 새로운 사고를 하는 새로운 세대가 아편 무역을 즉시 종식해야 한다고 주장하고 있었다.

중국은 과격한 정책을 펼치기 시작했다. 1906년 향후 10년 안으로 아편수입은 단계적으로 사라질 것이고, 아편 양귀비를 심었던 모든 땅은 10년 안에 농지로 전환될 것이라는 황제 칙령을 발포했다. 중국은 이러한 조치와 동시에 아편 반대 로비활동을 강화하면서 영국에 대한 압박을 높였다. 그러자 영국 정부는 향후 10년에 걸쳐 인도의 아편 수출을 단계적으로 폐지하는 것에 동의했다.

1910년, 대규모 에든버러 선교 콘퍼런스에서 존 R. 모트 박사는 '사악하고 추악한 중국에서의 아편 거래'에 대해 이야기했다. W. H. T. 게어드너는 이 대규모 집회에 관한 그의 기록에서 이렇게 말한다. '이 집회를 통해 아편 무역이라는 영국의 오점이 곧 사라질 것이라는 소망을 갖게 될 것입니다.' 헤이그에서도 '아편 무역 종식'을 고려 중이라는 필리핀 브렌트 주교의 발언으로 인해 이러한 기대감이 커졌다. 요오크의 대주교도 이 집회에서 다음과 같은 연설을 했다.[4]

---

[4] World Missionary Conference 1910 (Edinburgh, Oliphant, Anderson & Ferrier, 1911) Volume 9, p. 275.

"우리 영국인들이 상업적 이익을 위해 수치심도 없이 전쟁을 일으키고, 협정을 강요하고, 복음을 모르는 사람들에게 도덕성을 짓밟는 마약을 강매하고 있다는 것을 상상이나 할 수 있겠습니까? 세상 사람들의 눈에 비친 기독교의 신뢰성이 이보다 더 크게 훼손하는 것이 또 있겠습니까? 비기독교 국가 국민이 비도덕적 늪으로부터 헤어나기를 갈망하고 있는데, 기독교 국가가 그 열망에 동조하지 않고 뒤로 물러설 수 있겠습니까?"

사회문제위원회는 아편 무역의 악에 대해 다음과 같은 보고서를 작성했다.[5] 위원회는 선교사들과 선교후원자들의 생각을 대표하여 다음과 같은 사항들을 공표한다.

1. 아편 교역은 중단되어야 한다고 확신한다.
2. 중국에서 아편 교역에 동조함으로써 중국선교에 불신을 가져온 것에 대해 통회한다. 아편 확산을 막고자 애쓰는 중국의 정책에 동조하는 일부 서방국가와 뜻을 같이하기로 한다.
3. 아편사용을 제한하려는 현 중국 정부의 조치에 동조한다.
4. 영국 정부가 아편 퇴치를 위해 중국 정부와 온전한 협력관계를 유지하기 바란다.
5. 대영제국과 인도 정부는 아편 세입 중단으로 인한 재정적 어려움을 인도 국민의 과세 증액 없이, 또 양국의 예속적 관계를 손상하지 않고 해결할 수 있기를 바란다.

[5] Ibid., volume 7, pp. 164, 165.

아편 반대 운동은 보다 폭넓은 지지 세력을 이끌어냈다. 승리가 코앞으로 다가왔다. 드디어 1911년 5월 8일, 영국은 1917년까지 모든 수출을 끝내는 데 동의했다.

벤저민은 5월 29일에 소천했다. 그러나 마샬은 아버지의 임종을 앞두고 침상에서 이 기쁜 소식을 읽어줄 수 있었다. 벤저민은 생명이 꺼져가는 허약해진 몸으로 온 힘을 다해 환호했다.

'위대한 승리입니다. 하나님, 이러한 소식을 듣게 하시니 감사합니다.'

G. G. 모리슨 박사는 "더 타임스"에 기고한 글에서 승리의 요인으로 다음 세 가지를 꼽았다.

1. (벤저민 브룸홀의 강력한 호소에 대한 응답으로) 1910년 에든버러 콘퍼런스에서 결의안이 통과됨.
2. 1910년 10월 24일이 국가적 수치에 대한 전 국민 기도의 날로 정해짐.
3. 1906년 중국 국민회의의 담대한 결정.

벤저민이 소천한 2년 후인 1913년 5월 7일, 영국 정부는 다음과 같은 짧은 성명을 발표했다.

"우리 정부는 아편 무역의 종식에 대해 만족한다. 이것이 우리의 입장이다."

정치가가 아닌 벤저민이 성명서를 작성했다면 이와는 전혀 달랐을 것이다. 이로써 중국 선교의 가장 큰 걸림돌 중 하나가 제거되었다.

12 자식들은 여호와의 기업이요

벤저민과 아멜리아는 중국 땅을 밟아 본 적이 없다. 그런데도 열 명의 자녀 가운데 절반이 하나님을 위해 머나먼 중국에 가서 일했다. 자녀들은 어렸을 때부터 중국 선교사역에 대한 모든 것을 들었다. 중국이 새로운 일꾼을 필요로 한다는 것도 들었다. 그들은 휴가로 귀국한 선교사들과 중국으로 출발할 준비를 하는 지원자들을 보면서 자랐다. 웃고 떠들며 그들과 함께 놀기도 했다. 식사 시간에 어깨 너머로 중국 사역에 대한 많은 새로운 소식을 들었다. 이따금 정기 기도 모임에 슬그머니 끼어들기도 했다. 이들은 어릴 때부터 중국 복음화가 매우 시급하다는 것을 알았을 것이다. 하지만 이것은 짐작일 뿐이고 벤저민과 아멜리아의 아들과 딸이 선교사로 부르심을 받는 과정에 대해서는 알려진 사실이 거의 없다. 하지만 벤저민과 아멜리아는 평생 선교사들을 보내는 일에 온 힘을 다했고, 자녀들에 대해서도 예외는 아니었다는 점은 확실하다.

아멜리아의 소망

나는 브룸홀 가족의 자녀들이 중국 선교에 헌신한 까닭은 자라난 영적 환경 때문이라고 짐작한다. 매주 듣는 설교와 대화, 귀여워해 주던 청년들이 중국 내지에서 사역하기 위해 떠나는 것을 보았기 때문일 것이다. 어머니와 함께한 가족 기도회도 큰 역할을 했을 것이다. 기도회를 통해 그들은 외삼촌 허드슨과 다른 사역자들의 이름을 부르며 선교 사역을 위해 기도했다. 그러다 보니 중국이 복음화되어야 한다는 사실과 이 사역에 동참해야 한다고 생각하게 되었으리라. 아멜리아의 어린 자녀들에 대한 바람에서도 해답을 찾을 수 있다. 아멜리아는 자서전적 소책자에서 이렇게 기록했다.

'나의 가장 큰 소망은 너희가 그리스도를 지식으로만 아는 사람이 아니라 진정으로 주님을 따르는 사람으로 자라나는 것이란다. 너희의 소망과 두려움과 슬픔을 모두 주님께 말씀드려라. 주님이 너희의 모든 일에 관심을 두고 계신다는 사실을 확신하기를 바란다.'

자녀들이 진정으로 그리스도를 따르는 사람으로 자라기를 바랐던 아멜리아의 소망은 확실히 성취되었다. 선교사가 된 다섯 어린 자녀는 중국 북서부의 산시성에서 멀리 떨어진 주요 현에서 사역을 시작했다. 후에도 그들은 다른 지역으로 옮겨 사역을 계속했다.

가장 힘든 곳으로 가다

CIM은 1876년에 산시성으로 들어갔다. 중국 북부지역이 온통 끔찍한 기근에 시달리던 때였다. 산시성에서만 전체 인구의 1/3에 해당하는 5백5십만 명이 사망했다. 중국에 처음 발을 디딘 프랜시스 제임스와 조슈아 터너는 그때 목격한 고통스러운 기억에 대해 증언했다. '길을 따라 걸으며 바싹 마른 농부들이 비틀거리며 지나는 것을 보았다. 길 저편에는 피골이 상접한 시체들이 있었다. 기력이 쇠한 마을 사람들은 음식을 살 돈을 얻기 위해 그들의 딸을 사가라고 부탁했다.' 심지어 부모들이 생존을 위해 자녀들을 먹는 식인풍습에 대해서도 언급했다. 런던 시장으로부터 특별모금이 전달되었다. 덕분에 모금한 돈을 식량 구입비로 나누어 줄 수 있었다. 뒤이어 허드슨 테일러의 두 번째 아내인 제니 테일러가 여성 사역자 두 명과 함께 도착했다. 기근으로 부모를 잃은 아이들을 위한 고아원을 운영하기 위해서였다. 이들은 중국 내지 선교여행을 한 최초의 독신 여성이었다. 벤저민의 두 딸도 곧 그들의 뒤를 따랐다.

허드슨 테일러는 중요한 산시성에 강력한 선교기반을 구축하기로 했던 것이 분명하다. 그러나 1881년과 1882년, 중국 선교사들 사이에서 허드슨 테일러의 중국 복장과 변발과 함께 별난 리더십이 문제가 되었다. 결국 네 명의 역량 있는 부부 선교사가 CIM을 사임하고 BMS로 옮겨갔다. 그 후 '케임브리지 세븐'이 중국에 도착했다. 일곱 명 모두가 산시성으로 배정되었다. 대부분 산시성 남부지역에서 사역했고 일부는 후에 다른 지역으로 옮겨갔다. 허드슨은 여러 오해와 비난에도 좌절하지 않았다. 허드슨은 확실한 충성심과 정통성을 지닌 새로운 사역자들을 힘든 지역에 배치하기 원했다. 허드슨이 벤저민의 아들과 딸들을 타이위안(산시성의 성도)으로 보낸 이유였다.

거트루트와 허드슨

중국에 처음 도착한 브룸홀의 자녀는 섬세한 외모에 아름다운 머릿결을 한 딸 거트루드와 진지한 성격의 아들 허드슨이었다. 두 사람은 1884년 9월 24일 P&O 선박에 올라 저우산을 향했다. 이들 젊은이에게는 열정이 있었다. 이들은 와인 판매상인 스타크에게 전도

하였고 회심한 스타크는 후에 CIM의 일원이 되었다.

이미 바다에는 두 척의 배가 떠 있었다. 거기에는 '칠십인'의 신임선교사 가운데 17명이 나누어 탔다. 거트루드와 허드슨보다 한 달 앞서 허드슨 테일러의 열일곱 살 난 딸 마리아가 상하이에 도착할 예정이었다. 이 세 젊은이가 바다 한가운데 있을 때 파이랜드 로드에 있는 제니에게 전보가 도착했다. '내지에 문제 있음. 왕래가 불가. 문제가 해결될 때까지 더는 파송하지 말 것.' 원저우에서 폭동이 일어나 외국인들의 거주지가 불탔다고 신문들이 보도했다. 제니는 이사야 30장 15절 '잠잠하고 신뢰하여야 힘을 얻을 것이거늘'을 인용하면서 브룸홀과 아멜리아에게 전보 내용을 알렸다. 또 아일랜드에서 집회를 하던 허드슨 테일러에게 전보를 쳐서 어린 딸 마리아가 곧 상하이에 도착할 것이라고 알렸다.

하지만 선교 사역이 영향을 받지는 않았다. 거트루드와 허드슨은 산시성의 성도 타이위안으로 파송되었다. 아버지가 편집인인 "차이나 밀리언즈" 에 보내는 보고서에서 거트루드는 남동생과 함께 에벤에셀 에드워즈 박사의 안내를 받아 바오딩에서 타이위안까지 중국 북부를 가로지른 9일간의 힘든 여정을 묘사했다. 두루마기를 입은 허드슨은 나귀를 탔고, 에드워즈 박사는 작은 말을 탔으며, 거트루드는 노새 등에 깔개를 얹고 짐과 함께 노새 등에 올랐다. 성탄절 다음 날에 그들은 타이위안에 도착했다.

거트루드는 상하이에서 열심히 일하는 선교사로 인정받았다. 그녀는 삼 년간 타이위안에 있으면서 나귀를 타고 다니며 주로 아편중독에 걸린 여성 농민들에게 복음을 전했다. 이따금 그녀의 집을 찾아와 머물다 가는 사람들도 있었다. 그녀가 기록한 몇몇 에피소드가 "차이나 밀리언즈" 에 실렸다. '며칠 전 아편 흡연소를 방문했다. 30

세 정도의 가엾은 한 여인이 사망했다. 남편은 무관심했다. 무시무시한 광경이었다. 마귀의 권세를 이보다 더 생생하게 느낀 적이 없다.' 다음 호에서는 이렇게 썼다. '왕 씨의 욕쟁이 셋째 딸이 찾아와서 며칠 묵을 수 있는지 물었다. 그 후에도 계속 우리와 함께 있었는데 그녀의 상태가 많이 나아졌다. 전도 여행에서 돌아온 다음 날 아편 중독자 한 사람이 찾아왔다. 그녀는 13년 동안 많은 양의 아편을 흡연했다. 도저히 사람의 모습이라고는 보기 힘든 몰골이었다.'

그러나 1890년, 거트루드 브룸홀은 몸이 극도로 쇠약해져서 영국으로 돌아가야 했다. 아편중독 여성들을 대상으로 과중한 사역을 해왔기에 그녀의 몸이 견뎌내지 못했다. 타이위안에 있는 동료들은 거트루드의 복귀는 힘들 것으로 예상했다. 하지만 그 예상은 빗나갔다.

거트루드와 딕슨 호스트

7년 전 1883년 8월, 장녀 거트루드는 런던 파이랜드 로드에 있는 아버지 벤저민의 사무실에서 일을 돕고 있었다. 키가 큰 중위가 CIM 본부를 방문했다. 노크하고 기다리는 데 누군가 귀에 익은 생키와 무디의 찬송가를 피아노로 연주하고 있었다. 중위는 행복했던 기억을 떠올렸다. 브라이튼의 돔에서 열린 대집회에서 복음을 듣고 회심한 날 밤에 기쁨에 겨워 불렀던 찬송가였다. 중위는 선교 본부 안으로 들어서면서 벤저민의 딸 거트루드가 피아노를 치고 있는 것을 보았다. 그날 밤 중위의 마음이 녹아내렸다. 아내를 맞는다면 바로 이 아름다운 머릿결의 소녀일 것으로 생각했다. 키가 큰 중위가 바로 케임브리지 세븐 중 하나인 딕슨 호스트이다.

그로부터 일 년 후 1884년 9월, 거트루드는 신임선교사 '70인'

일부와 중국으로 출발했다. 딕슨은 그로부터 5개월 후, 1885년 2월에 '케임브리지 세븐'과 함께 떠났다. 거트루드와 딕슨 둘 다 산시성에 배정되었다. '케임브리지 세븐' 일부가 도착했을 때 호스트와 거트루드는 만났을 것이다. 왜냐하면 "차이나 밀리언즈" 기사에 따르면 거트루드는 타이위완 콘퍼런스에 참석했었고, 스탠리 스미스, 딕슨 호스트, 윌리엄 캐슬스도 도착하자마자 그 콘퍼런스에서 선교사들에게 강연했기 때문이다. 사회적 규범이 엄격하기만 했던 당시 중국에서 딕슨이 거트루드에게 말을 걸었을까? 딕슨은 파이랜드 로드에서의 첫 만남을 이야기했을까?

딕슨은 청혼을 서두르지 않았다. 딕슨은 1886년에 '칠십인' 가운데 하나인 스탠리 스미스와 전도유망한 중국인 시 목사와 함께 산시성 남부에서 사역을 시작했다. 핑양현에는 믿는 사람들이 여기저기 흩어져 살고 있었다. 호스트는 '조정 경기의 키잡이' 역할을 하는 두 사람 밑에서 기꺼이 섬길 정도로 겸손한 사람이었다. 그들은 마을의 교회들을 방문했다. 1887년, 홍둥 지역에서 집회가 열렸다. 단 한 번의 집회에서 무려 216명이 침례를 받았다.

스미스는 루안에서 사역지를 옮기고 딕슨은 시 목사와 함께 사역했다. 딕슨은 중국 현지인 지도자 밑에서 선교사역이 발전하고 커가는 것을 보기 원했다. 이는 시대를 앞서간 전략이었다. 딕슨은 중국인 옷을 입고, 중국 음식을 먹었으며, 중국인의 마음을 이해하려고 노력했다. 허드슨 테일러는 딕슨이 너무 무리해서 건강이 나빠지지 않을까 걱정했다. 딕슨이 CIM에 지원했을 때, 벤저민 브룸홀이 아일오브와이트에 있는 딕슨이 속한 교구의 교구장에게 딕슨의 성격과 선교사로서의 적합성을 묻는 편지를 썼다는 사실이 흥미롭다. W. T. 스토스 목사가 작성한 평가 내용 가운데 '그의 태생으로 보면 선교사역에 적합하지 않다. 그러나 내 생각이 틀릴 수도 있다'는 대목이 있다. 스토스 목사의 생각이 완전히 틀렸다는 사실을 세월이 증명하였다!

딕슨 호스트는 거트루드에게 사랑을 고백했다. 그때 이미 거트루드는 건강 문제로 영국으로 돌아갈 준비를 하고 있었다. 거트루드는 딕슨의 청혼을 받아들인다면 두 사람 모두 선교사역을 할 수 없을지도 모른다고 생각했다. 거트루드는 청혼을 거절했다. 딕슨은 외로움 가운데 기도를 하며 이 문제를 주님과 의논했다.

벤저민과 아멜리아는 큰 딸을 다시 만나서 기뻤다. 더 쾌적한 기후와 평안한 환경으로 거트루드의 건강이 서서히 회복되었다. 몸이 회복되어감에 따라 선교를 계속하고자 하는 마음도 더욱 커갔다. 거트루트는 영국과 미국의 선교 집회에 참석해 강연을 하였다. 벤저민과 아멜리아는 거트루트가 강연을 썩 잘했다는 보고를 받았다.

3년의 공백을 깨고 1893년에 거트루드는 용감하게 중국으로 되돌아왔다. 거트루드의 지친 몸과 쇠약해진 정신이 온전히 회복되었다. 딕슨이 다시금 청혼했을 때 거트루드는 준비가 되어있었다. 1894년 7월, 린펀에서 열린 선교사 콘퍼런스에서 약혼을 발표하였을 때 모두 기뻐했다. 딕슨과 거트루드는 허드슨 테일러와 함께 톈진으로 선교 여행을 갔다. 1894년 9월 6일, 그곳에서 두 사람은 결혼식을 올렸다.

신혼부부는 여행을 마치고 홍둥으로 돌아왔다. 중국 교회는 그들을 왕족처럼 대접했다. A. J. 브룸홀 박사는 그 당시 상황을 기록했다. 교회 안에 커다란 청색 깃발이 걸렸다. 거기엔 황금색으로 '한마음으로 주를 섬기라'라고 쓰여 있었다. 결혼 선물로 꽃장식의 가구와 밝은색의 커튼을 받았다. 시 목사는 신부를 상징하는 진홍빛 비단 커

버의 따뜻한 이불을 선물했다. 이 모든 것이 중국 문화에 적응하려고 애쓴 딕슨의 노력에 대한 중국 교회의 애정과 존경의 표시였다.

딕슨 호스트의 책임이 더욱더 커졌다. 그러나 호스트는 어려운 과제를 충분히 수행할 수 있는 만큼 기도로 준비되어 있었다. 호스트는 홍둥에서의 사역 외에 산시성 남서부의 20개 교회와 4명의 목사를 지휘 감독해야 했다. 그다음에는 인근 허베이성의 감독관을 맡았다. 의화단 운동이 발발하자 많은 선교사가 순교하였다. 호스트는 무거운 짐을 홀로 지고 있던 존 스티븐슨을 돕기 위해 상하이로 보내졌다. 1901년, 허드슨 테일러는 건강회복을 위해 아직 스위스에 있었다. 허드슨 테일러의 친척이 된 호스트는 39세의 나이에 CIM의 총재 대행을 맡아 허드슨 테일러의 업무를 대신하였다. 이듬해 허드슨 테일러가 세상을 떠나기 3년 전에 딕슨은 CIM의 총재가 되었다. 호스트는 33년간 이 중요한 직책을 맡았다. 1931년에는 선교지로 파송할 새로운 선교지원자를 호소하며 '선교를 위한 전진 운동(Forward Move-ment)'을 시작하였다. 호스트는 1935년, 74세에 은퇴했다.

이 긴 시간에 거트루드는 무엇을 했을까? 안타깝게도 그녀의 건강이 다시 악화되었다. 기도의 섬김 외에는 선교 현장에서 남편을 직접 돕는 일이 불가능했다. A. J. 브룸홀 박사는 이렇게 회상한다.

"우리가 상하이에 있는 선교본부에 도착할 때마다, 방에는 꽃과 초콜릿이 우리를 기다리고 있었다. 그리고 우리는 침대에만 누워계신 '거티 고모'를 보러 갔다."

거트루드는 중일전쟁이 끝나기 1년 전 1944년 4월 12일에 상하이 선교본부에서 소천했다. 딕슨은 2년 후 1946년 5월 11일 런던 마일드메이 요양원에서 소천했다.

허드슨과 앨리스 마일즈

이제 타이위안에 있는 장남 허드슨 브룸홀의 이야기로 돌아가 보자. 허드슨 브룸홀은 누나 거트루드와 잠시 타이위안에 있다가, 1887년에 후아루에 선교기지를 개척하기 위해 허베이성으로 보내졌다. 후아루는 중국으로 보내온 물품의 중개기지가 되었다. 약품과 물품이 상하이에서 배로 천진에 보내면, 후아로에서는 화물을 받아 타이위안으로 전달했다. 토마스와 제시 피고(후에 의화단 운동이 일어났을 때 순교했음), W. L. 엘리스톤. 허드슨 브름홀은 허베이 CIM의 개척자였다. 찰스 그린과 마틴 그리피스의 지도하에 두 사람은 몇십 년간 이곳에서 지속해서 사역했고, 후아로는 강력한 교구가 되었다. 1920년대에 허드슨 브룸홀의 사위와 딸인 하워드와 매리 클리프[1]가 이곳에서 사역했다. 허드슨은 후아로에 오래 머물지 않았다. 허베이에서의 짧은 시기에 행정 능력을 보여주었기에 그는 평생을 행정 사역에 종사했다. 후아로에서 일 년을 지낸 후 허드슨은 해안가의 즈푸(후에 옌타이로 지명이 바뀜)로 보내졌다. 그다음에는 중국 중부의 포양호수가 내려다보이는 다구탕(Dagutang)으로 보내졌다.

거트루드와 허드슨 브룸홀이 중국으로 떠난 지 2년이 지난 때였다. 누군가 벤저민 브룸홀의 사무실 문을 두드렸다. 문을 열어보니 세련된 옷차림에 교양이 있어 보이는 여성이 독특한 모자를 쓰고 서 있었다. 너무도 온순해 보여서 중국 내지에서의 거친 삶에는 어울리지 않아 보였다. 일단 면담에 들어갔다. 그녀는 브라이튼에서 열린 생키와 무디의 집회에서 회심했으며 중국으로 가서 하나님을 섬기라는 부르심을 느꼈다고 말했다. '그렇지만 어떻게 열악한 그곳에서 선교사의 삶을 살 수 있겠습니까?' 벤저민이 물었다. 온순

[1] 저자의 부모이다. — 편집자 주

해 보이는 젊은 여인은 단호하게 대답했다. '하나님이 저를 부르셨으니 가야만 합니다.' 그녀는 바로 앨리스 마일즈였고, 후에 허드슨 브룸홀과 결혼하여 CIM 총무의 며느리가 된다.

1887년 4월 7일, 앨리스는 '백 명'의 신임선교사 일부와 함께 중국행 배를 탔다. 6주간의 항해 후, 1887년 5월 21일 상하이에 도착했다. 양저우에서 어학원을 다니고 산시성 서부에 있는 다닝현으로 파견되었다. 앨리스는 동료 메리 스콧과 함께 사역을 시작했다. 걷기도 하고 나귀를 타기도 하면서 기근에 의해 황폐해진 작은 마을을 방문했다. 원래 70가정이 있었던 마을인데, 23가정만 남아 있었다. 그리스도인은 10명이었다. 그야말로 선교의 최전방이었다. 두 명의 여자 선교사는 아편 흡연이나, 어린 소녀들의 전족[2], 우상숭배, 축첩제도 등을 퇴치해야 한다는 사명감에 사로잡혔다.

앨리스는 가는 곳마다 행복을 내뿜었다. 앨리스는 사랑을 할 뿐 아니라 사랑을 받을 줄도 알았다. 동료 선교사들이나 농민들은 그녀로 인해 행복해졌다. 1889년 4월 8일, 그녀는 이렇게 기록했다. '다닝현과 인근 마을은 중국 전체에서 가장 행복한 선교지역이라고 생각합니다. 사람들은 저희를 사랑하고, 저희도 그들을 사랑합니다.'

한 달 후 앨리스는 일곱 명의 세례 후보자의 세례에 관해 기록을 남겼다. 추 목사가 술과 담대와 전족을 금하는 설교를 하면 작은 예배당에 많은 사람이 몰려들었다. 예배가 끝난 후 한 여인이 자신의 담뱃대를 부수었고, 몇몇 엄마들은 앞으로 딸들의 발을 동여매지 않겠다고 약속했다. 이러한 일은 모두 중국 문화에 맞서는 것이었다. 메리 스코트와 앨리스 마일스는 특유의 재치와 상냥함으로 이러한 일을 수행했

[2] 어린 여자아이의 발을 천으로 꽁꽁 동여매 일정 크기 이상으로 자라는 것을 막는 중국의 풍습.— 편집자 주

다. 앨리스의 보고에 따르면 진흙으로 만든 우상들이 파괴되고, 종이로 만든 우상은 불태워졌으며, 우상 제단은 부서지고, 아편 파이프는 부러뜨려져 불 속으로 던져졌다고 한다. 사람들은 단지 나쁜 구습만 버리지 않았고 진정한 구원의 복음을 믿게 되었음이 분명하다. 용감한 두 독신 여성은 산시성 서부지역에서 어둠의 세력에 담대하게 맞섰다.

앨리스가 다닝에서 성실하게 사역을 하고 있을 때 허드슨 브룸홀은 산시성의 중심부인 타이위안에 있었다. 허드슨은 6년 동안 외로운 총각 선교사였다. 선교사들의 로맨스는 수도에서 정기적으로 열리던 선교사 콘퍼런스에서 주로 이루어졌다. 허드슨 브룸홀과 앨리스 마일스도 거기서 만났다. 1890년 5월 14일, 두 사람은 상하이에 있는 홀리 트리니티 성당에서 결혼했다.

이들 신혼부부는 타이위안에서 2년 더 사역했다. 첫 번째 아기의 이름은 게르솜이었다. '낯선 땅의 나그네'라는 뜻이다. 게르솜이 태어나고 휴가를 보낸 후 허드슨 브룸홀은 화중지방의 우한에 속한 한커우 선교지부 간사로 임명되었다.

허드슨 부부는 한커우에서 루산 현(이전 이름은 구링이었음)에서 가까운 장시성의 주장 현으로 갔다. 케슬린이 루산에서 태어났다. 루산 지역에서 태어난 첫 외국인 아기였다. 의화단 운동이 일어나자 허드슨과 앨리스 브룸홀은 네 자녀와 함께 상하이로 피신했다. 1902년에 휴가를 마치고 허드슨은 양쯔강 상류에 위치한 쓰촨성 지역에 속해있는 충칭 선교지부의 총무가 되었다. 그 당시 상하이와 충칭 사이를 오가는 길은 매우 위험했다. 앨리스 브룸홀은 1908년 3월, "차이나 밀리언즈"에 이 내용을 소개한 바 있다. 곳곳에 급류와 여울목과 소용돌이가 자주 나타났다. 배가 난파된 사고가 몇 번인지 헤아릴 수 없을 정도였다. 거리가 150해리(약 277㎞)인 이창[3]에서 완셴까지 가는데 자그마치 6주가 걸릴 정도였다.

1918년 허드슨 브룸홀은 평생 사역이 될 임무를 맡았다. 처음에 CIM의 회계 보조가 되었고 일 년 내에 전체의 재무회계를 담당하게 되었다. 이는 상하이로 옮겨야 한다는 것을 의미했다. 처음에는 상하이의 우송로(呉淞路)에 있는 가옥이 딸린 선교사 부지에서 일했다. 1930년경, 허드슨은 이 부지가 선교 확장에 별 도움이 안 된다고 판단했다. 허드슨의 사업적 통찰력이 드러나는 순간이었다. 허드슨은 부동산 중개업자와 이야기를 나눈 후 우송로의 대지를 팔고 추가 비용 없이 신자로(新闸路)에 더 넓은 현대식 건물들을 지을 수 있다는 사실을 알게 되었다. 신자로에 숙소와 사무실과 병원과 회의실이 포함된 두 개의 복층 대형 건물이 세워졌다.

앨리스 브룸홀은 상하이에서 '희망의 문(Door of Hope)' 간사로 일하면서 풍성한 열매를 맺을 사역의 장을 발견했다. 당시 결혼을 빙자하여 어린 소녀들을 사고파는 끔찍한 일이 중국에서 벌어지고 있었다. '희망의 문'은 심한 학대를 당한 13세에서 17세까지의 소녀 수백 명에게 그리스도의 이름으로 피난처를 제공해 주었다.

허드슨 브룸홀은 1934년 8월 18일에 장티푸스로 소천했다. 그때까지 16년 동안 선교회 회계를 담당했다. "차이나 밀리언즈"에 실린 추모사에서 한 선교사는 허드슨의 회계능력에 대해 회고하였다. '허드슨은 계산, 다양한 화폐, 수시로 변하는 환율, 재무와 관련된 각종 복잡한 사항을 전혀 두려워하지 않았습니다. 회계장부에 둘러싸여 숫자와 씨름하거나 계산기를 두드리느라 여념 없었던 모습이 떠오릅니다. 마치 계산기와 한 몸이 된 것 같았지요.'

[3] 양쯔강 북쪽 기슭에 있는 하항도시 – 역자 주

선교 사역에는 현장 선교사만 필요한 것이 아니다. 선교회에서는 선교사들에게 분기별로 송금을 했는데 그때마다 허드슨은 선교사들의 재정적 필요에 민감했다. 왜냐하면, 분기별 후원 금액에 따라 송금액이 달라졌기 때문이다. 허드슨은 매번 조언과 함께 짤막한 편지를 선교사들에게 써 보냈다. 허드슨이 한 선교사에게 보낸 마지막 편지를 소개한다.

친애하는 동역자에게. 너무 적은 액수입니다. 더 많이 보낼 수 있었으면 하였는데… 하지만 이것이 이번 분기에 주님이 우리에게 주신 가장 적절한 금액입니다.

앨리스는 즈푸에서 은퇴하고 중일전쟁 때 웨이팡(산동성 중동부에 있는 도시)에 억류되었다. 1953년 턴브리지 웰즈(잉글랜드 동남부에 있는 도시)에서 소천했다.

이디스와 길버트 리치

1888년 9월 19일, 벤저민과 아멜리아의 셋째 딸인 스물한 살의 이디스가 CIM에 합류했다. 이디스는 다른 신임선교사들과 S.S. 라벤나 호를 타고 중국으로 향했다. 이례적으로 평온한 항해였다. 이처럼 순탄한 항해가 없었다고 바다에서 16년을 보낸 조타수가 말했다. 이디스는 어릴 때부터 많은 이야기를 들었던 땅을 직접 밟게 되어 매우 기뻤다.

상하이에 도착하자 이디스는 "차이나 밀리언즈"의 편집인인 아버지에게 중국에 실제로 오게 된 홍분을 편지에 담아 보냈다. 양저우에 있는 어학원에 가기를 학수고대하고 있으며, 무엇보다 첫 사역지가 기대된다고 말했다. 이디스는 이렇게 말했다. '삶은 수많은 작은 일로 이루어져 가는 것 같아요. 그 작은 일을 하나님 영광을 위해 행하면 그것이 진정한 하나님의 일이라는 사실을 점점 더 깨닫고 있답니다.'

1889년, 이디스는 양조우에서 어학 공부를 마치고 거트루드와 허드슨과 함께 산시성의 성도인 타이위안에 머물렀다. 이디스는 날마다 선교 사역의 냉혹한 현실에 직면했다. 이디스가 꿈에 그렸던 중국인들과 이디스가 맞닥뜨린 중국인들은 매우 달랐다. 중국인들은 기독교에 관해 그다지 알고 싶어 하지 않았다. 이디스는 집으로 보내는 편지에 중국 그리스도인의 '냉담함과 무관심'에 관해 썼다. 그리고 언니 거트루드와 함께 중국인 가정에서 '냉대'를 받아 실망했다고 말했다. 선교사들은 중국인의 아편 흡연과 전족의 폐습과 우상 숭배를 비롯한 중국인의 생활양식에 깊이 뿌리박은 각종 악습과의 전쟁을 계속해야 했다. 중국인들은 본능적인 반감을 숨기고 서양 선교사가 방문하면 정중하고 예의 바르게 행동했다.

거트루드와 이디스가 방문했던 여인들은 문맹이었다. 가장 단순한 가르침이 여인들에게 주어졌다. 여인들은 손을 들고 다섯 손가락으로 다음의 내용을 암기했다.

엄지: 참 하나님은 오직 한 분이십니다,
검지: 참 하나님은 우리를 사랑하십니다.
장지: 참 하나님은 우리 죄를 용서하실 수 있습니다.
약지: 참 하나님은 우리를 평강 안에서 지키십니다.
새끼손가락: 참 하나님은 우리를 마침내 천국으로 인도하십니다.

1892년 이디스는 거트루드와 함께 산시성 서부의 작은 마을인 다닝으로 옮겨갔다. 6년 전 '케임브리지 세븐'의 일원인 몬태규 뷰챔프와 윌리엄 캐슬스의 수고로 이곳에 작은 교회가 만들어졌다. 두 자매는 새로 태어난 어린 교회를 세워가는 일에 온 힘을 다했다. 또한 짧은 일정으로 전도 여행을 다니면서 복음 전하는 일을 계속했다.

전도 여행에 대해 거트루드가 쓴 글이 "차이나 밀리언즈"에 실렸다. 독신 여성 선교사들이 중국에서 경험한 전형적인 선교 여행의 모습이었다. 평범한 전도 대열이 아니었다. 미스 스티븐이 노새가 끄는 마차를 몰고 앞장섰다. 그 뒤를 빌린 노새를 탄 이디스가 뒤따랐다. 끝에는 나귀를 탄 거트루드가 있었다. 가파른 산길에서 노새가 무거운 짐을 감당할 수 없게 되면 대열을 재정비할 수밖에 없었다. 이디스가 내려서 걷자고 주장함으로써 비로소 문제가 해결되었다. 19세기 후반에 중국 내지에서 독신 여성 선교사가 된다는 일은 이런 모습이었다.

런던으로 돌아가 본다. 벤저민과 아멜리아 브룸홀이 어느 날 창 목사로부터 감사와 안부의 편지를 받았다. 두 사람이 얼마나 놀랐고 기뻤을지 상상해 보라. 자녀들을 하나님께 드린 자들의 기쁨이었다. 다음은 대략 번역한 내용이다.[4]

존경하고 존경하는 브룸홀씨 부부에게 안부 전합니다.
평강이 있기를! 하나님이 기도를 들어주셔서 두 명의 사랑스러운 브룸홀 선생님을 저희에게 보내주셨습니다. 저를 포함해서 모든 사람이 이를 크게 기뻐합니다. 하지만 제가 존경하는 두 분이 자녀분들로 인해 염려하실까 봐 마음이 쓰입니다. 하나님이 두 분을

[4] China's Millions, Aug. 1894, p. 141.

위로하시고 모든 일에 행복이 가득하기를 기도합니다. 주님께서 우리를 언제나 돌보셔서 이곳에서 그분의 말씀을 전하는 우리를 도우시기를 원합니다. 그리하여 주님이 영광 받으시기를! 두 분 가운데도 주님께서 동일하게 행하시기를 바랍니다. 데살로니가후서 2장 13절 말씀을 권합니다. 또한 고린도후서 1장 20~22절 말씀도 권합니다. 하나님과 주 예수 그리스도의 은혜가 귀댁의 남녀노소 모두에게 언제나 함께하시기를 바랍니다.

창치펜(張知本) 올림.

다닝 현에서 거트루드와 이디스가 주로 했던 사역은 여성들을 위한 저녁 집회였다. 어린이들을 위해 정오 모임도 만들었다. 중국 관습에 따라 여자 선교사들은 남자에게 설교할 수 없었다. 하지만 아편중독 환자들을 치료하기 위해서는 남자 신도와의 대면이 불가피했다.

이디스가 열심히 사역하고 있을 때 장차 남편이 될 사람이 중국행 S. S. 브리타니아호를 타고 있었다. 스코틀랜드 청년 길버트 리치였다. 길버트는 상하이로 가던 길에서 22번째 생일을 맞이했다. 길버트는 안칭에 있는 남성 전용 어학원에서 몇 개월 공부하면서 중국어를 배우기가 매우 힘들다는 사실을 실감했다. 길버트는 '글래스고우 YMCA 선교사'로 중국에 왔다. 본국의 YMCA에 보낸 편지에서 길버트가 안칭에 처음 도착했을 때의 문화적 충격을 엿볼 수 있다.[5]

숙소 맞은 편에 있는 집에서 사람이 죽었다. 저녁이 되자 두 명의 승려가 왔다. 오자마자 그들은 종이로 만든 집과 말, 그리고

[5] China's Millions, Sept. 1894, p. 160.

돈 바구니와 곡식이 담긴 바구니를 들고나와서 불을 붙였다. 사람들은 불타는 제물 주위에 둥글게 서서 북을 치고 폭죽을 터뜨렸다. 다음 날 밤에 승려들이 다시 와서 북을 두드리기 시작했다. 몇 분을 그렇게 하더니 멈추었다. 그러자 집 안에 있던 사람들이 큰 소리로 울부짖기 시작했다. 몇 분을 그렇게 한 후 다시 북을 치기 시작했다. … 종이로 만든 집과 말과 돈과 곡식 등을 불태우는 까닭은 죽은 영혼이 저세상에서 사용하기 위해서이며, 시끄럽게 북을 치고 폭죽을 터뜨리는 까닭은 악귀를 쫓기 위해서라고 한다.

길버트 리치는 홍둥에서 딕슨 호스트 지도를 받으며 사역을 하게 되었다. 중일전쟁으로 인해 돌아가야 했기에 홍둥까지 가는데 무려 10주나 걸려 1894년 12월 31일에야 도착했다. 길버트는 첫 사역지에서 딕슨과 거트루드 호스트와 함께 일하는 특권을 누리게 된 것을 항상 감사했다. 길버트의 회상이다. '새파랗게 어린 선교사에게 호스트 부부보다 더 이상적인 선배 선교사는 없을 것이다. 선교사의 삶에 이보다 더 복된 일은 없다.' 딕슨 호스트는 9년 동안 한때 아편 중독자였던 중국인 학자 시성모(席勝魔)[6] 목사와 긴밀하게 동역했다. 산시성의 수많은 중독자를 위한 아편 중독 치료센터 운영을 포함한 방대한 사역이었다.

길버트는 후에 이렇게 기록했다. '호스트 부부와 사역을 하던 중 미래의 아내인 이디스 브룸홀을 처음 만났다. 이디스는 호스트 부인의 동생이며 허드슨 테일러의 조카였다. 이디스는 중국에 나보다 5년이나 일찍 왔기에 소중한 경험을 이야기해 주었다. 그 순간부터 우리는 한마음이 되었고 서로에게 너무

[6] 席勝魔: 이름이 子直이었으나 마귀를 이긴다는 뜻인 勝魔로 개명하였다 - 편집자 주

나 소중한 조력자가 되었다.' 길버트와 이디스는 1896년 8월 1일에 결혼했다.

시 목사는 결혼식 6개월 전에 소천했다. 죽기 전에 시 목사는 젊은 두 사람이 산시성 서부 산지의 아름다운 성벽 도시 웨양에서 사역해주기를 부탁했다. 승려였다가 개종한 길버트 부부의 중국인 조력자는 4년 후 의화단 운동 기간에 순교했다. 길버트와 이디스는 웨양에서 친위안으로 사역지를 넓혔다. 길버트는 이렇게 기록했다. '친위안에서 우리는 첫 개종자에게 침례를 베푸는 기쁨을 누렸다.'

1897년과 1898년에 아들 알렉스와 딸 애나가 태어났다. 출산과 육아로 인해 휴가가 많이 지연되었다. 결국 이디스는 휴가 없이 중국에서 11년 동안 사역했다. 중국을 떠날 준비를 하면서 두 사람은 마을 사람 사이에 감도는 긴장과 선교사들의 불안을 감지했다. 길버트 가족은 N. G. L. 바이에른 호를 타고 영국으로 출발했다. 리치 가족은 영국으로 출발하여 1899년 12월 13일에 영국에 도착했다. 길버트는 이렇게 회상했다. '안타깝기 그지없다! 산시성에 있던 사랑하는 동료선교사들이 대부분 순교했다. 의화단의 피 묻은 손에서 벗어난 사람은 극소수이다.'

1900년 7월 9일, '타이위안 대학살'이 일어났다. 하루에 35명의 개신교 선교사들, 12명의 가톨릭 사제와 수녀, 30명의 중국인이 참수당했다. 의화단 사건 때, 중국 전역에서 135명의 선교사와 53명의 선교사 자녀들이 죽었다. 그 가운데 산시성에서 죽은 사람은 어른이 113명, 어린아이가 46명이나 되었다. CIM은 다른 선교단체보다 더 많은 선교사를 잃었다. 웨양에서 길버트 리치의 사역을 물려받은 두 명의 젊은 선교사 데이비드 배럿과 알프레드 우드로프는 의화단을 피해 산으로 도망갔으나 그곳에서 굶어 죽었다.

길버트는 이렇게 말을 잇는다. '우리가 중국으로 돌아갈 길은 열리지 않았다. 나는 다시 과거의 세일즈맨으로 돌아갔다.' 길버트는 중국 사역에 대한 관심을 잃지 않고 평신도 설교자로서 계속 중국선교의 필요성을 전했다. 길버트의 여섯 자녀 중 이디스는 브라질 선교사가 되었다. 애나는 자신이 태어난 중국에서 선교사가 되었다. 남은 자녀 가운데 알렉스는 기독교 사역에 뛰어들었다. 길버트와 월터는 당시 기록에 의하면 스코틀랜드에서 복음을 전하는 사역을 하고 있었다. 앵거스 맥닐과 결혼한 캐롤은 자이르에서 의료선교를 하다가 앵거스와 함께 타이에서 선교사역을 했다.

마샬과 플로렌스 코레로이

1887년, 21세였던 마샬은 케임브리지 대학에서 고전문학을 공부했다. 허드슨 테일러의 넷째 아들이며 마샬의 사촌인 찰스 에드워드 테일러도 이 시기에 케임브리지에 다니고 있었다. 지저스 칼리지를 졸업한 후 마샬은 플로렌스 코레로이와 약혼했다. 아버지의 친한 친구인 존 코데로이의 딸이었다. 졸업 후 곧 마샬은 CIM의 신임선교사가 되었다. 마샬은 1890년 10월 2일에 S. S. 샤년호를 타고 중국으로 향했다. 선교단체의 신임선교사 명부에 마샬은 학생이며 곧 결혼할 예정이라고 기재되어 있다. 마샬은 중국에서 평생을 보낼 작정으로 선교 현장에 뛰어들었으나 하나님의 뜻은 다른 데 있었다.

마샬은 안칭에 있는 어학원에서 일 년간 공부했다. 마샬은 허드슨과 이디스가 사역을 하는 산시성의 타이위안으로 파견될 예정이었다. 산시성에는 전염병이 번져 사람들이 죽어가고 있었다. 허드슨이 장티푸스에 걸리자 마샬은 형을 간호하다가 감염되었다. 한동안 허드슨과 이디스와 마샬은 선교사역을 할 수 없었다.

마샬은 누나 거트루드와 결혼한 딕슨 호스트와 함께 사역하기 위해 타이위안에서 훙둥으로 옮겨갔다. 그곳 선교지부에는 길버트 리치가 있었다. 길버트가 이디스와 결혼하기 전이었다.

마샬의 약혼녀 플로렌스 코데로리가 1894년에 중국을 향해 떠났다. 마샬이 선교사가 된 지 4년이 지난 후였다. 당시의 선교회 규정에 의하면 약혼자라 하더라도 선교 현장에서 2년 이상 사역을 하기 전에는 결혼할 수 없었다.

1896년 딕슨 호스트는 CIM의 총재 대행으로 임명되어 거트루드와 함께 상하이로 옮겼다. 마샬은 훙둥에서 중요한 일을 담당하게 되었다. 훙둥의 교회는 산시성의 어느 지역보다 교인 수가 많았다. 산시성 교회의 지도자로 추앙받던 시 목사가 소천했다. 마샬은 시 목사와 매형 딕슨 호스트의 도움 없이 '교구'들을 감독하는 어려운 일을 맡게 되었다. 이전에 마샬은 현지인 지도자인 시 목사의 아래에서 일했다. 외국인 선교사가 중국 현지인 밑에서 일하는 것은 당시 선교계에서는 매우 특별한 경우였다. 시 목사가 교회들을 방문해서 설교할 때 마샬은 목회에 관한 많은 것을 시 목사에게 배웠다. 후에 제럴딘 테일러[7]가 시성모(席勝魔) 목사에 관해 두 권의 책을 쓸 때 마샬은 매우 중요한 정보들을 제공할 수 있었다.

1897년 "차이나 밀리언즈"에 실린 보고에서 마샬 브룸홀은 새로 맡은 훙둥 인근 지역 사역에 관해 이야기했다. '교구'의 범위는 남북으로 약 64km, 동서로는 약 113km였다. 총 교인 수는 490명이고 남성 374명, 여성 116명이었다.(현재 중국 그리스도인 성비는 여성이 남성보다 훨씬 많으나 당시에는 남성이 훨씬 더 많았다) 17개의 마을 교회가 있었고, 일주일 내내 저녁 집회가 있었다. 이밖에 시 목사가

---

[7] 허드슨 테일러의 아들 하워드의 아내

초기에 개설한 14개의 아편 중독자 쉼터가 있었다. 이 사역을 감독하기 위해 현지인 목사와 세 명의 장로와 17명의 집사가 있었다. 필요한 자원은 선교회 도움 없이 중국 교회의 힘으로 충당했다. 선교회의 후원을 받는 학교가 네 개 있었지만, CIM의 인력과 돈이 전혀 투입되지 않은 이상적인 사역이었다.

사역이 눈에 띄게 성장했다. 몇 달 후 마샬은 다음과 같이 보고할 수 있었다. 신입 교인이 72명 늘었고, 쉼터에 있던 아편 중독자 100명 이상이 아편 흡연을 끊었으며, 새 예배당을 두 개 세웠다. 1899년 마샬의 마지막 보고에 따르면 일 년 동안 검증 기간을 거친 새 신자가 33명이고, 침례신청자가 80명이라고 했다. 아편을 하게 되어 성만찬 참여를 유보하고 있는 사람들이 25명, 그 가운데 3명은 결국 포기하고 이전의 우상숭배로 돌아갔다고 했다.

1897년 3월 17일, 마샬은 드디어 플로렌스와 결혼할 수 있었다. 하지만 그로부터 2년 후에 플로렌스의 건강 때문에 영국으로 돌아가야만 했다. 홍둥 인근 지역의 교회가 급성장하고 있었고 3년 동안 맺은 열매가 풍성했기에 마샬은 매우 상심했다. 하지만 주께서 마샬을 위해 다른 일을 예비하고 계셨다. 그 일은 마샬의 평생의 중요한 사역이 되었다. 1901년과 1905년 아이린과 도로시가 영국에서 태어났다.

1900년 마샬은 아버지가 "차이나 밀리언즈"의 편집장직에서 은퇴한 지 5년 후에 중요한 직책을 맡게 되었다. 마샬은 선교회의 편집장으로 임명되었다. 중국에서 9년을 지내면서 마샬은 언어를 배웠고 혹독한 환경의 선교사 생활을 경험했다. 이러한 지식과 경험이 없었다면 새로 맡은 일을 효율적으로 해내지 못했을 것이다. 마샬은 중국을 방문하여 선교의 진행 상황을 끊임없이 파악했다. 1911년과 1912

년, 혁명 후에 마샬 브룸홀은 새로운 상황을 직접 파악하기 위해 현지를 두루 방문했다. 또한 중국에 가게 될 선교지원자 중국어 심화학습을 위해 런던에서 중국어로 강의를 하기도 했다.

그 후 36년 동안 마샬은 평균 2년에 1권 이상 총 20권의 책을 저술했다. 세 권은 중국에 관한 일반 서적이고, 일곱 권은 전기, 두 권은 의화단 운동에 관한 책, 나머지 여덟 권은 허드슨 테일러와 CIM에 관한 책이다. 마샬 브룸홀이 집필한 중국에 관한 일반 서적 세 권은 중국 선교 상황과 중국 내 이슬람, 그리고 중국 내의 성경에 관한 책이다. 중국 선교 상황과 중국 내 이슬람에 관한 책은 영국 정부의 요청으로 집필했다. 중국 전역의 가톨릭과 프로테스탄트 선교사들이 이 책을 읽고 연구했다. 일곱 권의 전기 가운데 다섯 권은 CIM 선교사에 관한 것이고, 나머지는 런던 선교회의 로버트 모리슨, 허난성의 '크리스천 장군' 마샬 팽에 관한 것이다.

허드슨 테일러와 CIM 사역에 관한 책들은 널리 읽혀서 선교를 효율적으로 알리는 역할을 했다. 1929년에 마샬은 "허드슨 테일러, 하나님을 믿는 사람(Hudson Taylor, the Man who Be-lieved God)"이라는 책을 출간했다. 새로운 시각으로 쓴 이 전기는 24쇄 이상 인쇄했고 80,000부가 팔렸다. 선교 지원자들은 종종 이 책을 읽고 중국으로 가라는 하나님의 부르심을 받았다고 언급했다. 또 마샬은 월간지 "차이나 밀리언즈"에 정기적으로 글과 서평을 실었다. 마샬은 1910년 잘 알려진 에든버러 선교 콘퍼런스에서 중요한 역할을 담당했다. 마샬은 '모든 비기독교 국가에 복음 전하기' 분과위원회의 일원이었다. "중국제국-선교 전반에 관한 조사"와 같은 주요 저서는 널리 읽혔고 그 안에 실린 통계 등의 내용은 참고자료로 끊임없이 인용되었다.

마샬은 한쪽 눈의 시력을 잃었다. 하지만 이런 어려움이 집필과 편집 계획을 막지는 못했다. 1927년, 계속된 불면증으로 인해 마샬은 27년 만에 편집장 자리에서 물러났다. 선교사로서 현장을 떠난 이후에 중국 선교를 위해 더 많은 일을 감당했던 벤저민과 아멜리아의 아들 마샬은 1937년에 주님 품에 안겼다.

1900년 의화단 운동이 발발했을 때 브룸홀 가족은 모두 살육의 중심지인 산시성을 떠나 있었다. 딕슨과 거트루드 호스트는 상하이에 있었다. 딕슨은 상하이에서 비극적 사건과 관련된 선교 통신과 인력 배치를 담당하고 있는 존 스티븐슨을 도왔다. '의화단'에 잡혀 죽임을 당한 선교사들의 이름이 연이어 전해졌다. 그때마다 선교회는 큰 충격에 빠졌다. 68세의 허드슨 테일러는 제니와 함께 스위스에서 요양 중이었다. 지도자의 임무를 수행할 수 없게 된 허드슨 테일러는 39세의 딕슨 호스트에게 총재 대행을 맡긴다는 전보를 상하이로 보냈다. 허드슨 브룸홀은 루산에서 선교 지부 간사로 일하고 있었다. 허드슨은 앨리스 브룸홀, 그리고 네 명의 어린 자녀를 데리고 상하이로 대피했다. 마샬과 플로렌스 브룸홀은 런던에 있었다. 마샬은 편집장의 직무를 수행하고 있었다. 길버트와 이디스 리치는 스코틀랜드로 돌아간 지 얼마 되지 않았다. 벤저민과 아멜리아는 은퇴한 지 5년이 지났다. 벤저민과 아멜리아는 자녀들이 모두 무사하다는 사실에 안도하면서도 훈련하고 파송했던 선교사들이 죽임을 당했다는 소식을 듣고 슬피 울었다. 벤저민의 가족은 모두 치열한 영적 전투의 최전선에 있었다.

알빈 오스틴은 브룸홀 자녀들이 대거 상하이에서 사역하던 시기를 일컬어 CIM 안에 '테일러-브룸홀 왕조'가 형성되었다고 기록했다. 결혼으로 허드슨 테일러의 인척이 된 딕슨 호스트는 총재가 되었다. 마샬 브룸홀은 "차이나 밀리언즈"와 선교부 간행물의 편집장이었다. 허드슨 테일러의 아들 하워드는 허난성의 감독이 되었고, 후에 아내 제럴딘과 함께 창립자의 공식 전기를 집필하기 위한 광범위한 연구를 수행했다. 허드슨 브룸홀은 상하이 선교지부의 회계를 담당했고, 마리아와 결혼한 J. J. 쿨타드는 장인의 개인비서로 일하다가 후에 중국지부에서 사역했다. 런던 선교본부에서 20년 동안 선교회를 섬긴 벤저민과 아멜리아 브룸홀은 순조로운 은퇴를 앞두고 있었다. 벤저민 자신은 중국 땅을 밟은 적이 없지만 벤저민의 온 가족은 주님을 위해 중국을 섬겼다.

13   잿더미를 딛고

밀드레드 케이블은 이렇게 기록했다. '1900년도는 중국에서 구약의 대홍수 사건과 비슷한 의미가 있다. 중국 선교 역사는 1900년 이전과 이후로 나뉜다.' 의화단의 광적인 살인과 파괴는 중국 선교에 심각한 지장을 초래했다. 교회는 눈물을 흘리며 순교자들을 매장해야 했다. 집과 재산을 잃은 중국 그리스도인들은 도움이 필요한 상태였다. 무너진 교회당과 병원을 재건하고 복음 전도와 교회사역을 재개해야 했다. 모든 것을 처음부터 시작해야만 했다. 있는 곳은 달랐지만 브룸홀 가족은 모두 선교 사역을 재건하는 일에 쓰임을 받았다.

아버지와 같은 이름으로

의화단 운동으로 가장 큰 피해를 본 지역은 산시성이었다. 여러 선교단체의 선교사 113명과 그들의 자녀 36명이 살육되었다. 특히 타이위안에 있는 선교지부들이 가장 큰 피해를 보았다. 1900년 7월 9

일 일명 '타이위안 대학살' 때 어린아이를 포함해서 35명의 개신교 신자, 12명의 가톨릭 사제와 수녀, 30명의 중국 그리스도인들이 중국 관원의 명령에 의해 차례차례 참수되었다. 이 도시에 있는 스코필드 기념 병원과 인근 선교사 가옥도 파괴되었다.

CIM 산시성 지부의 선교사들도 큰 해를 당했지만, BMS은 사역자 전원을 잃었다. 서우양 선교회는 영국에서 휴가 중이던 에벤에셀 에드워즈와 그의 아내를 제외하고 모두 죽임을 당했다. 에드워즈는 말년에 이렇게 말했다. '하나님은 내가 1990년에 죽을 가치가 없다고 여기셨던 것 같다.' 의화단 운동으로 인해 정상적인 선교 활동이 5년간이나 중단되었다.

H.R. 윌리엄슨 박사는 이렇게 말했다.

"많은 그리스도인이 굳건하게 믿음을 지키다가 만주 제국의 어리석은 결정과 여러 관원의 배신과 잔인성 때문에 영광스러운 순교를 당했다. 슬픈 이야기이다. 하지만 많은 중국 관원이 용기를 내어 수많은 외국 선교사들과 중국 그리스도인들을 보호해 주었다는 사실이 다소 위안이 된다."

의화단 운동으로 살인과 파괴가 잇따르고 있다는 소식에 많은 사람이 충격을 받았다. 벤저민과 아멜리아의 열 번째 아들이자 막내 벤저민 브룸홀 박사도 예외는 아니었다. 아버지와 이름이 같은 벤저민은 시티 오브 런던에서 공부를 마친 후 마일엔드에 있는 런던 병원에서 일하면서 공부했다. 그 후 그곳에서 FRCPC(왕립의사협회)가 주는 자격을 취득했다. 벤저민과 아멜리에는 의화단 운동이 발발하기 5년 전에 은퇴하고 파이랜드 로드에 거주하면서 중국에서 정기적으로 전달되는 전보를 통해 소식을 접하고 있었다. 수십 명의 CIM 선교사가 의화단에 의해 죽임을 당하고 있다는 소식으로 인해 벤저민과 아멜리에는 크게 충격을 받았다. 희생자 가운데 상당수가 직접 면담하고 선정하고 선교 현장에 파송했던 사람들이었다.

의화단 대학살 때, 벤저민의 외삼촌 허드슨 테일러는 스위스의 다보스에서 요양 중이었다. CIM은 선교사 58명과 선교사 자녀 21명을 잃었다. 비극적인 소식들이 전보로 중국으로부터 연이어 전해졌다. 제니는 비극적인 소식을 남편에게 전하는 것을 주저했다. 허드슨 테일러는 이미 정신적으로나 육체적으로 큰 고통을 받고 있었다. 사역자들을 무더기로 잃은 허드슨 테일러는 할 말을 잃었다. 허드슨 테일러는 다음과 같이 기록했다. '읽을 수도 없고, 생각할 수도 없다. 기도조차 할 수 없다. 하지만 주님을 신뢰할 수는 있다.'

1900년 9월, 선교사들의 순교 소식이 중국에서 여전히 들려오고 있었다. 허드슨의 동생 아멜리아와 아들 벤저민은 스위스의 샤모니에 있는 허드슨 테일러 부부를 방문했다. 네 사람은 함께 산책도 하고 산을 오르기도 했다. A. J.브룸홀 박사는 아버지 벤저민 브룸홀 박사에 대해 이렇게 기록했다. '아버지가 할머니와 함께 허드슨 테일러를 방문했던 것은 분명 그분의 현명한 조언을 구하기 위해서였다.' 젊은 의사인 벤저민은 의화단 운동으로 인해 중국에서 많은 선교사를 잃었지만, 선교는 여전히 진행되고 있다는 말에 크게 감동했다. 허드슨 테일러의 말은 젊은 벤저민에게 '마게도냐의 부르심'이었다.[1] 벤저민은 부족한 일손을 채우기 위해 중국으로 가겠다고 결심했다. 아버지와 이름이 같은 벤저민은 벤저민과 아멜리아의 다섯째 아들이었다. 벤저민와 아멜리아의 자녀가 중국 선교사가 되려는 네 번째 순간이었다.

1903년 9월 3일, 벤저민은 부르심에 응답하여 중국으로 가는 배를 탔다. 벤저민은

[1] 사도행전 16:9 참조 '마게도냐로 건너와서 우리를 도우라' — 역자 주

CIM 후원을 받지 않고 로치데일에 있는 웨스트 스트리트 침례교회의 일원인 로치데일 경과 그 가족이 운영하던 사업체의 지원을 받는 독립 선교사였다. 목적지는 서우양이었다. '타이위안 대학살' 때 서우양 선교지부는 토마스 피고 부부와 자녀인 웨슬리, 그리고 A. E. 로빗과 그 자녀를 잃었다. 교사 부부인 에벤에셀 에드워즈 박사와 아내만 살아남아 있었다. 많은 교인도 이미 순교했다. 스코필드 메모리얼 병원과 선교사 사택도 파괴된 상태였다.

타이위안이라는 도시 전체가 순교자들을 기념하고 있었다. 1900년 7월에 투옥되고 참수당했던 현장에 순교한 모든 그리스도인의 이름을 새긴 석비가 세워졌다. 성의 동문 밖 1.5km 떨어진 곳에는 선교사들과 중국 그리스도인들이 묻힌 기념 묘지가 조성되어 있었다. 참으로 평화롭고 아름다운 경치 가운데 순교자의 무덤들이 점점이 놓여 있었다.

벤저민이 타이위안에 도착했을 때 도시의 복음 전도와 의료사역은 아직 재개되지 못한 상태였다. 예배는 다시 시작되었으나 재건축해야 할 예배당이 많았다. 1902년, 에드워즈 박사는 서우양 선교지부의 사역과 자산을 BMS에 넘겨주었다. 교회는 혼란 상태였고, 모든 사역이 재정비되어야 했다.

약혼자 매리언 알드윈클은 벤저민을 따라 곧 중국으로 가서 1905년 2월 28일에 결혼했다. 벤저민은 30살이었고 신부는 23세였다. 매리언 알드윈클은 약제사 자격증을 획득하고 런던의 베델 그린에 있는 마일드메이 병원에서 훈련을 받았다. 매리언은 주님에 대한 영적 열정과 사역에 대한 충성스러운 마음으로 남편의 의료 사역을 돕기 시작했다.

이상적인 의료 사역자

에벤에셀 에드워즈와 벤저민은 효율적인 팀이 되어 남녀 모두를 위한 병원 재건축에 힘을 쏟았다. 에드워즈는 벤저민에게 실용적인 재능이 많다는 사실에 놀랐다. 벤저민은 의사로서뿐만 아니라 재건축에도 큰 역할을 수행하면서 타고난 재능을 드러냈다. 1912년에 벤저민은 요양 병동 건립을 감독했다. 1915년에는 냉온수 시스템을 설치했으며, 남녀 병동을 따로 건립했다. 에드워즈는 브룸홀 박사에 대해 BMS에 다음과 같이 보고했다. '브룸홀 박사는 이상적인 의료사역자입니다. 훌륭한 외과 의사일 뿐만 아니라, 건축에도 재능을 보입니다. 이를테면 오래되어 거의 못쓰게 된 시계나 오르간 등을 수리하기도 하고 난방시설을 개조하기도 합니다. 그뿐 아니라 환자들과 사람들을 그리스도에게 인도하는 일에도 매우 열심이며 많은 열매가 있습니다.'

벤저민의 타이위안 사역 7년째가 되는 1910년, "미셔너리 헤럴드(Missionary Herald)"는 벤저민의 사역에 대해 높이 평가하며 다음과 같은 기사를 실었다. '브룸홀 박사와 루이스는 중국에서 유명하다. 중국인은 브룸홀을 "하이"로 루이스를 "루"라고 부르는데 이는 젖먹이들이 곧잘 내는 소리와 흡사하다. 그러므로 이들의 이름은 중국에서 대대로 불릴 것이다.' 같은 호에 다음과 같은 기사도 실렸다. '중국의 섭정 왕자가 아서 소워비 목사, 에반 모건 목사, E. H. 에드워즈 박사, B. C. 브룸홀 박사에게 쌍용 훈장을 수여 했다.'

정치적 격변

그런데 중국의 역사적 대변혁으로 중국에서의 모든 선교 활동이 중단되었다. 벤저민과 매리언도 사역을 계속할 수 없었다. 1911년과

1912년, 중국에서는 2,000년이 넘게 이어온 군주제를 무너뜨리고 공화국을 세우려는 혁명[2]과 내전이 일어났다. 대다수 BMS선교사가 해안으로 피할 수밖에 없었다. 그러나 벤저민은 타이위안에 머물며 적십자사와 함께 정치적 색깔과 상관없이 부상자들을 도왔다. 공화국이 형성되면서 옌시산(閻錫山)[3]은 기근과 아편중독의 만연으로 인해 고통 받던 산시성에 평화와 번영을 가져왔다.

1916년, 벤저민 부부는 휴가차 본국으로 왔다. 1차 세계대전이 발발했다. 벤저민이 군의관으로 복무하면서 계획보다 더 오래 영국에 머물게 되었다. 벤저민 부부는 여건이 되자마자 바로 중국으로 돌아가 사역에 복귀했다. 1921년에는 젠킨슨 병원에서 일하기 위해 산시성의 서부에 위치한 시안으로 옮겼다. 도착한 지 일 년이 되었을 때 탄약 저장소가 폭발하여 병원 건물이 심하게 훼손되었다. 벤저민의 건축과 수리의 재능이 또다시 빛을 발했다. 우선 건물 수리를 위한 비용이 필요했다. 벤저민은 "미셔너리 헤럴드"에 이에 관한 고무적인 이야기를 기고했다. 어느 날 중국인 루가 벤저민을 찾아와 병원 건물이 훼손된 일을 슬퍼하며 50달러 수표를 건넸다. 루의 아내는 일 년 전 병원에 입원했다가 완치되었을 뿐 아니라 회심하고 침례를 받았다. 그녀는 입원해 있는 동안 옆 병실에 버림받은 아기가 있다는 것을 알고 입양을 결심했다. 아내에 이어 루도 회심하고 침례를 받았다. 루가 건넨 수표는 선교사들이 한 일에 대한 감사의 표시였다. 이와 같은 일이 바쁘게 일하는 선교사들에게 격려가 되었다.

매리온은 병원 운영을 돕는 일 외에도 병상마다 다니며 환자들에게 그리스도를 전하는 것을 좋아했다. 매리온이 사역 동기에 대해 글을 쓴 적이 있다. 매리온은 종종 병원

[2] 신해 혁명(辛亥革命)을 말한다. – 편집자 주
[3] 閻錫山: 중화민국의 군벌 정치가 – 편집자 주

대기실에 있는 남녀를 보았다. 그럴 때마다 복음과 교육이 그들의 비참함과 무지를 어떻게 변화시킬지를 그려보았다. 매리온은 이렇게 썼다.

"사역을 즐겁게 만드는 것은 바로 소망입니다. 소망이 모든 섬김을 기쁨으로 만들지요."

그러나 중국의 정치적 격변이 시작되었다. 1920년대 후반에 반기독교 운동이 강하게 일어났다. 아울러 공산당과 국민당 사이에 격렬한 전투가 있었다. 시안에 있는 젠킨스 로버트슨 병원은 양 진영의 부상 군인 수백 명을 가리지 않고 치료했다. 1926년에 시안은 9개월 동안 포위되었고 선교사들은 해안으로 피신해야 했다. 그러나 벤저민과 E. L. 필립스 목사는 개인적인 위험을 무릅쓰고 임무를 수행해야 한다고 생각했다. 기독교인이었던 펑위샹 장군은 벤저민과 필립스 목사가 시안에 머물 수 있도록 애를 썼다. 하지만 위험이 점점 커져서 결국 해안으로 대피하지 않을 수 없었다. 벤저민 브룸홀이 시안에 있을 때 당시에는 혁신적이었던 엑스레이 장비 설치와 자분정(自噴井)[4] 공사를 감독했다. 이 두 가지 모두가 전문적 지식과 기술이 필요한 일이었다. 1928년에 벤저민과 필립스 목사는 본국으로 돌아왔다.

1929년에 브룸홀 부부는 타이위안의 병원으로 돌아갔다. 벤저민은 병원의 수많은 환자뿐만 아니라 많은 선교 단체의 선교사들을 직접 진료했다. 멀리서 온 환자들도 많았다. 벤저민의 명성이 그만큼 자자했다. 1930년 10월에 매리온이 런던 BMS 본부에 있는 바우저 부인에게 쓴 편지 내용이다. '올해 들어 벌써 55명이 우리 집에 머물렀답니다. 모두 선교사들이지요. 아파서 온 분들도 있고, 그냥 의

---

[4] 자분정(自噴井): 지표의 압력으로 스스로 물을 뿜는 우물 — 편집자 주

사를 만나려고 온 사람도 있어요. 손님이 너무 많아 힘에 겨울 때가 종종 있답니다.' 저자의 아버지 하워드 클리프도 벤저민에게 도움을 받은 사람 중 하나였다. 아버지는 허베이에서 타이위안까지 먼 길을 찾아갔다. 아버지는 잉글랜드 남부의 토키에 있는 어머니에게 보내는 편지에서 '벤 삼촌'께 받은 도움과 치료에 감사하다고 말했다.

그러나 벤저민과 매리언의 마음은 여전히 시안 성에 있었다. 매리온의 편지에 다음과 같은 내용이 있었다. '저희는 시안에 대한 사랑을 가슴 가득 품은 채 그곳을 떠났습니다. 마무리 지어야 할 일들이 있음에도 불구하고…. (무엇보다) 많은 사람이 우리가 돌아가기를 간절히 바라고 있습니다. 시안 성의 몇몇 형제자매들은 우리를 만나기 위해 먼 이곳까지 찾아오기도 했습니다.'

이루어진 소망

브룸홀 부부는 중국에서 약 30년 동안 주님의 사랑으로 신실하게 사역을 하다가 영국으로 돌아왔다. 벤저민은 은퇴 후 런던 남부의 덜위치에서 의료 활동을 했다. 은퇴하기 2년 전, 1930년 10월의 편지 내용을 추가로 인용해본다. '이번이 중국에서의 마지막 사역이라 아쉽다. 하지만 우리가 맛본 그리스도의 기쁨으로 인해 내 아이들이 영향을 받으면 좋겠다. 아이 중 몇 명이라도 해외로 나가는 것을 본다면 얼마나 기쁠까!'

소망은 이루어졌다. 여섯 자녀 가운데 아들 둘이 선교사로서 해외에 갔다. 폴과 아내 로자린드는 '성경과 의료선교협회(Bible and Medical Missionary Fellowship)'[5]의 영국 지부에서 사역했으며, 1950년과 1974년 사이 다섯 차례에 걸쳐 인도와 네팔로 선교여

[5] 인터서브의 전신. — 역자 주

행을 갔다. 또한, 폴은 조부모 벤저민과 아멜리아가 많은 일을 했던 CIM의 후신인 OMF에서 수년 동안 사역했다.

벤저민과 매리언의 둘째 아들 짐은 의학박사로서 1938년 CIM 주선으로 중국으로 갔고, 1942년에 제닛 처칠과 결혼했다. 이들은 중국 서남부의 호전적인 노수족을 위해 함께 사역했고 공산주의 혁명 이전에 그곳에 교회를 세웠다. 1953년부터는 필리핀의 망얀족 사이에서 11년간 사역했다. 그들의 선구자적 의료선교는 짐 브룸홀의 저서 "견고한 성루(Strong Tower)"에 잘 나타나 있다.

짐의 사위 테드 박사와 딸 조이 렝키스터는 EHA(Emmanuel Hospital Association) 소속으로 티어펀드(Tearfund:영국 기독교 자선단체)의 지원을 받아 인도 히말라야 산지에서 7년 동안 지역 건강 프로젝트 사역을 했다. 내가 이 책을 쓰고 있을 때는 중국 남서부 MSI(Medical Services International) 지부에서 활발히 사역하고 있다.

저자가 이 장을 집필할 무렵에 MSI는 쓰촨성과 운남에 병원과 지역 건강프로그램을 시작할 계획을 세우고 있었다. 이 프로그램에는 '이(Yi)' 부족의 터전인 중국의 냉산[6](the Great Cold Mountains) 지역에서 시행할 '브룸홀 헬스 프로젝트'도 포함되어 있었다. 냉산은 짐 브룸홀과 재닛이 한때 사역했던 지역이었다. 테드와 조이는 적극적으로 이 새로운 사역 계획에 참여했다. 이처럼 벤저민의 후손들은 대를 이어서 복음을 전파하였다.

"주께서 이같이 우리에게 명하시되 내가 너를 이방의 빛으로 삼아 너로 땅 끝까지 구원하게 하리라 하셨느니라 하니…" 사도행전 13:47

[6] 현재는 다리앙 산으로 불림 - 역자 주

14   내가 엄지를 올리면

은퇴하기 전 벤저민 브룸홀의 마지막 임무는 뉴잉턴그린 선교지부 건축을 기획하고 감독하는 일이었다. 손자 A.J. 브룸홀 박사는 CIM 기록 일부를 인용했다. '사무실, 회의실, 침실 30개, 라운지 등이 포함된 신축건물은 1893년 5월 2일 이사회가 열리기 전까지 완공될 예정임. 로버트와 스콧과 벤저민은 건축계획에 동의했음, … 이를 위해 스콧은 500파운드를 내고, 2,000파운드 대출을 신청했음. … 이 대출은 거절되었으나 죠세핀 스미스 양으로부터 3,000파운드를 기부받음.' 새 건물의 초석이 1893년 12월에 놓였고, 1894년 3월 8일에 뉴잉턴그린 건물이 들어섰다. 벤저민과 아멜리아는 CIM에서 20년간 사역했다. 건물의 완공은 뒤에서 현장 사역의 병참 기지의 역할을 해온 사람의 마지막 임무로 가장 적절한 피날레였다.

은퇴 후 남은 일

"차이나 밀리언즈"에 '브름홀씨 은퇴하다.'라는 제목의 의미심장한 기사가 실렸다. 그 기사는 이렇게 끝난다. '브룸홀은 지금처럼 파이랜드 로드 2번가에서 지내기로 하였다. 그는 이 사실을 모든 지인이 알기를 원한다. CIM 선교회 사무실은 이미 뉴잉턴그린에 있는 새 건물로 이전했다.' 1894년 벤저민은 5월에 열린 선교회 회의에서 CIM의 총무로서 마지막 보고를 했다. 그리고 1895년 4월, 66세의 나이에 공식 은퇴를 했다. 기업의 간부로 경험을 쌓은 월터 슬로안이 뒤를 이었다. 월러는 1902년에 CIM의 본국(영국) 대표가 되었다. 오랫동안 일한 브름홀 부부는 선교사역이 지속적인 성장세를 보이는 가운데 일선에서 물러났다. 신축건물에 입주할 당시에 CIM의 회원 수는 630명에 달했다.

벤저민은 은퇴가 사역의 중단을 의미한다고 생각하지 않았다. 벤저민은 하나님을 위해 해야 할 일이 아직 많이 남아있다고 확신했다. 벤저민은 이렇게 기록했다. '나는 이토록 끔찍한 아편 무역이 완전히 종식되기 원한다. 방해된다면 무엇이든 내던질 각오이다. 내 딸이 돕고 있어서 이 일에 희망과 기쁨이 있다. 하나님이 이 싸움에 함께 하시리라고 믿는다.'

은퇴 이후 벤저민은 '아편 무역 금지 위원회'의 간행물 편집장으로서 16년간 무급으로 일했다. 벤저민은 영국 정부에 압력을 가하고 의원들을 고무시키기 위해 인도와 중국의 아편 무역 정기 보고서를 꼼꼼히 읽고 최신 정보를 전했다. 제임스 맥스웰 박사는 벤저민을 자주 방문해서 협회의 일과 정책을 의논하였다.

청각장애가 심해지면서 벤저민은 사교적 만남과 교회 출석에서 멀어졌다. 대신 유일한 취미인 독서에 빠져들었다. 교회에 가서 설교를 들을 수 없게 되었지만 스펄전의 설교집을 읽으면서 풍성한 영적 양식을 먹었다. 벤저민은 평생에 걸쳐 꾸준히 책을 구매하여 자신의 장서를 마련했다. 마치 말썽꾸러기 소년처럼 아멜리아의 눈을 피해서 새로 산 책을 서재로 가지고 들어가곤 했다. 가족들은 이러한 일화를 두고두고 농담처럼 이야기했다. 마샬은 이렇게 회상했다. '층계 참마다 책이 가득했지요. 책 무게로 2층 바닥이 내려앉을지도 모른다고 건축가가 경고할 정도였답니다. 결국 너무 무거운 책장은 서재에서 빼내야 했지요.' 벤저민은 사물을 사진 찍듯이 기억했다. 그래서 어느 책이 어느 책꽂이에 꽂혀 있는지 훤히 알고 있었다. 책 내용을 인용할 때는 원하는 내용이 몇 쪽에 있는지 정확히 찾아냈다. 벤저민은 책의 많은 구절을 암기해서 인용했다. 의회보고서나 책 한 권을 슬쩍 훑어보기만 해도 원하는 내용을 찾아냈다. 또는 책 한 권을 후딱 읽고도 요점을 정확히 파악했다.

어린 시절에 벤저민의 아버지는 아들이 소설을 읽지 못하게 했다. 벤저민이 자라면서 독서의 폭이 넓어지고 유연해졌다. 말년에는 어린 시절에는 허락되지 않았던 찰스 램과 매리 램이 엮은 셰익스피어 작품을 즐겨 읽었다. 은퇴 후에는 소설을 읽고 자녀들과 이에 관해 대화를 나누기도 했다.

승리의 소식

1909년 2월 10일, 벤저민과 아멜리아는 금혼식을 맞았다. 가족과 친구들은 새 카펫과 가구와 현금을 선물했다. 벤저민은 80세, 아멜리아는 74세였고 두 사람 모두 건강했다. 1859년, 결혼을 닷새 앞두고 벤저민이 썼던 편지가 무색했다. '나는 오늘 아침 S 보험사의 의사를 만나 진료를 받았어요. 그다지 건강한 편이 아니라고 말하더군요.'

의사의 말은 틀렸다. 금혼식을 마치고 6개월 후에 벤저민은 소년 시절을 보냈던 브래들리를 방문했다. 브래들리에 살고 있던 61세 동생 제임스와 함께 인근 지역을 둘러보았다. 60년 동안 한 번도 찾지 않았던 곳이었다. 벤저민은 다음과 같은 편지를 집으로 보냈다.

고향 풍경이 얼마나 아름다운지 모른다. 너른 들판과 나무들…. 내 어린 시절의 오두막집들은 거의 다 사라졌다. 어제는 옛날에 다녔던 교회당에 들어가 보았다. 교회당 회랑에는 바순과 클라리넷, 그리고 여러 대의 바이올린이 줄지어 있었는데…. 지금은 그 모든 것이 사라졌다. 그래도 교회당에 앉으니 마음이 평안하다.

1910년 성탄절, 아멜리아는 일기에 다음과 같이 썼다. '이 땅에서 함께 보내는 마지막 성탄절이 되지 않을까? 우리는 알지 못한다. 하나님께 감사한다. 죽음에 대한 두려움이 사라졌다.' 아멜리아의 생각이 맞았다. 그해 성탄절은 부부가 함께 보낸 마지막 성탄절이 되었다.

벤저민이 아편 무역과 싸운 이야기는 11장에서 기술한 바 있다. 벤저민이 세상을 떠나기 직전이었다. "더 타임즈"는 1911년 4월 19일자에 단 한 문장의 반가운 소식을 실었다. '향후 2년, 아니면 이보다 더 빨리 아편 무역이 종식될 조짐이다.' 마샬은 이 기사를 병상의 아버지에게 읽어주었다. 죽어가던 전사는 온 힘을 모아 이렇게 말했다. '위대한 승리입니다. 주님! 살아서 이 소식을 대하게 하시니 감사합니다.' 결정적 승리는 벤저민이 세상을 떠난 후인 1914년 5월 7일에 있었다. 영국 정부는 다음과 같이 발표했다. '우리 정부는 아편 무역의 종식에 대해 매우 만족스러운 입장이다.'

뇌졸중에 이어 부분 마비와 언어 장애가 찾아왔다. 아멜리아와 가족들이 옆에서 시중을 들고 있었다. 벤저민은 감사하다고 말하고 싶었지만 말하기가 매우 힘들었다. 갖은 애를 다 쓴 끝에 이렇게 말했다. '내가 엄지손가락을 들어 올리면 고맙다는 뜻이다.' 마지막 순간까지도 벤저민은 친절과 배려에 감사 표현을 하기 원했다.

벤저민 브룸홀은 아편 무역이 종식될 것 같다는 기쁜 소식을 듣고 이 세상에 한 달 더 머물렀다. 자주 엄지손가락을 들어 올리며 가족들에게 사랑과 감사를 표현했다. 벤저민 브룸홀은 82세의 나이에 파이랜드 로드에 있는 자택에서 숨을 거두었다. 마샬은 런던에서 아버지의 임종을 지켰다. 아버지를 간절히 보고 싶어 하던 선교사 허드슨 브룸홀은 돌아오는 배 위에 있어서 아버지 임종을 보지 못했다. 거트루드와 딕슨 호스트는 상하이 우송 로드에 있는 CIM 본부에 있었다. 벤저민은 산시성 타이위안에서 의료 사역을 하고 있었다. 아멜리아는 벤저민이 소천한 지 7년을 더 살았다. 아멜리아는 1918년 부활절에 세상을 떠났다.

가족들은 아멜리아가 임박한 죽음을 느끼고 마지막으로 쓴 글을 성경 갈피에서 발견했다.

나는 떠난다. 나의 왕이신 그분의 나라로.
슬픔의 말은 하지 말거라.
기쁨의 종을 울려라.
이 땅에서의 겨울밤이 영원한 봄으로 바뀌고 있다.

F. B. 메이어 박사는 벤저민 브룸홀에 대해 이렇게 말했다.[1]

의로운 싸움을 하는 대부분 군사는 숨을 거두기 전에 승리의 소식을 듣는 기쁨을 누리지 못합니다. 우리 사랑하는 지도자요 친구인 벤저민은 그런 기쁨을 누렸습니다. 벤저민은 인구의 5분의 일에서 4분의 일 정도를 죽음에 몰아넣은 아편 무역을 종식하는 일에 끈기 있게 참여한 청지기였습니다. 그러므로 벤저민은 저세상에서 우리 주님의 영접을 받았습니다.

[1] B. Broomhall, National Righteousness, Aug. 1911, p. 6.

15   위대한 밧줄 잡이

1793년, 위대한 선교개척자 윌리엄 캐리가 인도로 갈 준비를 하고 있을 때였다. 동료 한 사람이 우려를 표명했다. BMS(침례교 선교협회)를 설립했지만 그들의 열정이 차차 식지는 않을지, 많은 후원자도 열정이 식어 후원을 중단하지 않을지 걱정을 했다. 캐리도 이러한 위험성을 감지했다. 캐리가 선교사의 임무를 완수하기 위해서는 선교사역을 위해 꾸준히 기도하고, 선교사들과 선교본부의 행정사무를 위해 신실하게 후원할 그리스도인들이 영국에 있어야 했다. 캐리는 네 명의 동료 사역자들을 방으로 불러모은 후 평생 서약을 했다. 네 명의 동료 사역자들은 선교회와 주인 되신 그리스도의 이름으로 '죽을 때까지 절대 윌리엄 캐리를 돕겠다'라고 맹세했다.

그 자리에 있었던 앤듀류 풀러는 인도 선교 프로젝트가 마치 깊은 광산을 탐사하는 것과 유사하다는 사실을 깨달았다. 말하자면 윌리엄 캐리는 다음과 같이 말하는 것이다. '네가 밧줄을 잡아주면 내가 내려갈게.' 네 사람은 충성과 후원의 약속을 신실하게 지키기로 엄숙하게 맹세했다. 전기 작가인 S. 피어스 캐리는 말한다. '이 든든한 '밧줄 잡이' 친구들이 없었다면 캐리는 선교사역을 절대 감당할 수 없었을 것이다.'

허드슨 테일러의 밧줄을 처음 잡아준 사람은 윌리엄 버거였다. 이 겸손한 사업가는 허드슨 테일러의 CIM 설립과 초기 사역을 도왔다. 윌리엄 버거는 허드슨 테일러가 중국 내지를 여행할 때도 계속해서 연락을 주고받던 사람이었다. 윌리엄 버거는 늘 빠듯한 예산을 털어 정기적으로 후원했다. 언제나 이스트 그린스테드에 있는 집에서 허드슨 테일러와 가족들을 따뜻하게 맞아주었다.

CIM의 공동 설립자이며 영국 CIM의 이사였던 버거가 은퇴한 후엔 벤저민과 아멜리아가 그다음 '밧줄 잡이'가 되었다. 물론 이 두 사람과 윌리엄 버거가 했던 일은 다르다. 허드슨 테일러는 매우 힘들었지만, 박진감이 넘쳤던 1875년에서 1895년까지 여동생과 매부를 크게 의지했다. 신실한 두 '밧줄 잡이'가 없었다면 허드슨 테일러는 중국 내지 선교사역을 급성장시키는 일을 해내지 못했을 것이다.

밧줄 잡이의 특성은 주요한 사역이 끝나고도 배후에 남는 것이다. 하지만 벤저민은 평범한 밧줄 잡이가 아니었다. 벤저민은 캡틴 로버트 스콧의 말을 즐겨 인용했다. '중요한 것은 뒤따르는 칭찬이 아니라 성과 자체이다.' 벤저민은 자신이 쓴 책에 이름을 올리는 것도 주저했다. 벤저민의 첫 저서 "아편 흡연에 관한 진실(The Truth about Opium Smoking)"에는 아편 흡연에 관한 여러 사람의 견해와 말을 담았다. 벤저민은 이 문제에 대해 오랫동안 연구하고 나름의 확신이 있었으나 자신의 견해는 크게 드러내지 않았다. 책 표지에 자기 이름도 넣지 않았다. 벤저민 브룸홀은 그런 사람이었다.

벤저민의 베스트셀러 저서인 "세계 복음화" 역시 책 표지에 제목만 있을 뿐 이름은 찾아볼 수 없다. 단지 서문 끝에 이름의 머리글자만 있을 뿐이다. 책에 담긴 세계 복음화의 비전은 '이 세대 안에 세계 복음화'를 모토로 한 학생자원자운동(Student Volunteer Movement) 형성에 도움을 주었다. 그런데 이 운동의 초기 창립자들은 누가 이 책을 쓰고 제목을 골랐는지 알지 못했던 것 같다. 의심할 바 없이 이것이 벤저민이 바라던 바였다.

벤저민 브룸홀은 20년 동안 CIM에서 발간한 "차이나 밀리언즈"의 편집을 맡았다. 그러나 항상 제목 밑에 '편집인 J. 허드슨 테일러'로 명시했다. 벤저민은 선교사들에 관한 소식과 중국으로부터 온 보고서와 글을 선별하여 잡지에 실었고 잡지 배포를 감독한 실질적인 편집자였다. 하지만 벤저민은 자신의 이름을 숨겼다. 처남 허드슨 테일러는 멀리 중국에서 기사 선정에 대한 최종 점검을 했기 때문에 명목상의 편집인일 뿐이었다. "차이나 밀리언즈"의 편집인의 글도 항상 벤저민이 썼지만, 글의 말미에 이름은 물론 B.B라는 이름 머리글자조차 넣지 않았다. 벤저민은 처음부터 끝까지 충실한 숨은 '밧줄 잡이'였다.

벤저민은 노예무역 반대, CIM 사역, 아편 무역 반대 운동이라는 세 가지 명분에 헌신하였고 열매를 보는 기쁨도 누렸다. 벤저민이 처음 런던에 왔을 때 그토록 활발했던 아프리카와 미국에서의 노예무역이 막을 내렸다. 벤저민이 1875년에 합류한 중국내지선교회는 규모도 작았고 많은 비난을 받아 많은 어려움을 겪고 있었다. 그런데 1895년 벤저민이 중국내지선교회를 은퇴할 때엔 거의 20배나 성장했고 단체의 이름도 널리 알려졌다. 또 벤저민은 임종을 앞두고 아편 무역이 몇 년 안에 완전히 종식될 것이라는 반가운 소식을 들었다. 하지만 이 세 가지 중 어느 분야에서도 벤저민 브룸홀의 이름은 뒤에 숨어 있다.

이전 세대에 널리 불렸던 케이티 바클레이 윌킨슨의 찬송가 마지막 가사를 소개한다.

도구는 잊혀지고, 주님만 드러나기를!

의심할 여지 없이 벤저민은 맡겨진 일을 잘 해내고 싶어 했다. 그러면서도 자신이 주목받기를 절대 원하지 않았다. 19세기 후반에 하나님 나라를 위해 그토록 많은 성취를 이루어낸 이 인물에 대한 기록이 그토록 적은 이유이다. 한 세기가 지나서 저자가 이 책을 쓸 수밖에 없는 이유이기도 하다.

벤저민 브룸홀과 아멜리아의 연표

벤저민

1829년 8월 15일	브래들리 스태포드셔에서 태어남.
1844년 5월	반즐리로 가서 포목상 도제가 됨.
1847년 1월 23일	거듭남.
1854년	런던으로 감.
1856년	아멜리아와 서신을 주고 받기 시작함.
1857년	아멜리아와 약혼함.

벤저민·아멜리아

1835년 9월 20일	요크셔의 반즐리에서 태어남.
1849년	바턴에 있는 학교에 입학함.
1852년	도드워스 목사관으로 이사함.
1859년 2월 10일	베이스워터의 웨스트본 그로브 집에서 결혼함.
1861년 5월 18일	거트루드가 태어남.
1862년 8월 31일	허드슨이 태어남.

1863년 10월 22일	에밀리가 태어남.
1865년 4월 4일	매리 루이즈가 태어남.
1865년 6월 25일	허드슨 테일러가 브라이튼에서 CIM 시작을 결심함.
1866년 5월 26일	래머뮤어호가 출항함.
1866년 7월 17일	마샬이 태어남.
1867년 10월 23일	이디스가 태어남.
1869년 9월 9일	앨리스가 태어남.
1871년	가족이 고덜밍으로 이사함.
1872년 6월 5일	노엘이 태어남.
1873년 8월 17일	앤 머리가 태어남.
1875년 3월 16일	벤저민이 태어남.
1875년 6월	가족이 런던 파이랜드 로드로 이사함. CIM에 합류함.
1878년	벤저민이 CIM의 총무가 됨.
1885년 2월 4일	엑스터 홀에서 케임브리지 7인 집회.
1888년 6월	벤저민이 런던 선교 콘퍼런스에 참석함.
1888년	아편 반대 연맹의 비서로 활동함.
1895년	CIM에서 은퇴함.
1900년	중국에서 의화단 운동이 일어남.
1903년 1월 1일	허드슨 테일러가 딕슨 호스트를 총재로 임명함.
1905년	허드슨 테일러가 창사에서 소천함.
1910년 9월	에든버러 선교사 콘퍼런스
1911년	반아편 운동의 성공후 벤저민이 소천함.
1918년 3월 31일	아멜리아가 소천함.

하늘씨앗

하늘씨앗은 많이 팔 수 있는 책이 아닌 꼭 필요한 책을 출간하기 위해 수익의 전부와 성도의 후원금을 출판을 위해 사용하기로 뜻을 세웠습니다. 이 책은 그 결과물입니다.

설립 목적
하늘씨앗의 설립 목적은 사도와 선지자의 터 위에 세우신 교회와 '교회의 팔'인 선교 단체 등 신앙공동체를 지원하고 연결하는 것입니다. 특히 우리는 작은 교회, 작은 선교 단체, 작은 공동체를 돕는 일에 헌신하였습니다.

사역
연구: 성경과 사도의 전승을 연구하여 시대를 향한 하나님의 뜻을 발견한다.
출판: 연구의 결과물을 출판한다.
교육: 말씀과 영성으로 준비된 영적 인도자를 양성하고 배출한다.
연결: 영적 각성의 '씨앗'이 될 지체와 공동체를 소개하고 연결한다.

재정과 관련된 사역 원칙
- 우리는 사역의 모든 필요를 기도로 채우겠습니다.
- 우리는 빚으로 사역하지 않겠습니다.
- 우리는 다른 단체와 경쟁하지 않겠습니다.
- 우리는 사역자에게 합당한 사례를 지급하겠습니다.
- 우리는 재정이나 사역의 규모로 성공 여부를 평가하지 않겠습니다.
- 우리의 목표는 우리의 확장이 아니라 하나님 나라의 확장입니다.

수익에 연연하지 않는 지속 가능한 출판

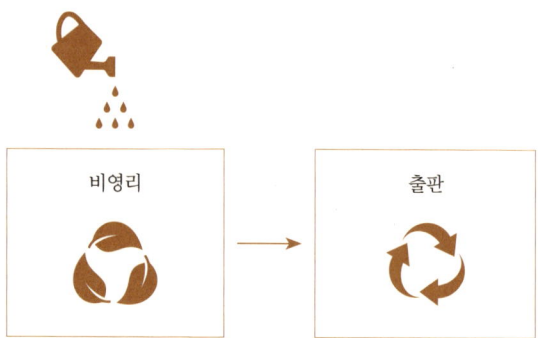

연락처

웹사이트 www.heavenlyseeds.net
전화번호 031-398-4650
이메일주소 info@heavenlyseeds.com

관련 공동체

우리는 성령으로 세례받지 않고는 하늘로부터 오는 권세를 받을 수 없고 하나님의 일을 할 수도 없다고 생각합니다. 오늘날 교회의 여러 문제는 물과 성령으로 거듭나지 않은 니고데모와 같은 사람들이 주도하기 때문인지도 모르겠습니다.(요한복음 3:5)

이에 동의하는 작은 공동체가 있습니다.

한국 경기도 군포 하늘씨앗교회 shsheen0707@gmail.com
미국 Champaign, IL 하늘씨앗 샴페인 공동체 purelamb@gmail.com

1865년 허드슨 테일러가 창설한 중국내지선교회(CIM: China Inland Mission)는 1951년 중국 공산화로 인해 중국에서 철수하면서 동아시아로 선교지를 확장하고 1964년 명칭을 OMF로 바꿨다. OMF는 초교파 국제선교단체로 불교, 이슬람, 애니미즘, 샤머니즘 등이 가득한 동아시아에서 각 지역 교회, 복음적인 기독 단체와 연합하여 모든 문화와 종족을 대상으로 예수 그리스도가 구세주이심을 선포하고 있다. 세계 40여 개국에서 파송된 1,400여 명의 OMF 선교사들이 동아시아 19개 필드에서 미완성 과제를 위해 사역 중이다.

우리의 비전 OUR VISION
우리는 하나님의 은혜로 동아시아의 각 종족들 안에 자기 종족을 전도하며 타종족을 선교하는 토착화된 성경적 교회운동이 일어나는 것을 보기를 소망한다.
Through God's grace we aim to see an indigenous biblical church movement in each people group of East Asia, evangelizing their own people and reach-ing out in mission to other peoples.

우리의 사명 OUR MISSION
우리는 그리스도의 온전한 복음을 동아시아인과 함께 나눔으로 하나님을 영화롭게 한다.
We share the good news of Jesus Christ in all its fullness with East Asia's peoples to the glory of God.

OMF 사역방향
1. 우리는 개척선교—미전도 종족선교에 집중한다.
2. 우리는 교회개척—교회배가운동을 일으킨다.
3. 우리는 교회의 성장, 성숙 및 제자훈련에 기여한다.
4. 우리는 동아시아 교회들이 선교운동에 동참하도록 도전한다.
5. 우리는 동아시아의 복음화를 위해 전세계적으로 자원을 동원한다.
6. 우리는 국제팀으로서 그 다양성과 협력을 소중히 여긴다.

OMF International—Korea
한국본부 (06554) 서울시 서초구 방배중앙로 29길 21 호언빌딩 2층
전화 02-455-0261, 0271
팩스 02-455-0278
홈페이지 www.omf.or.kr
이메일 omfkr@omfmail.com